UN TOURISTE A VENCE.

UN TOURISTE

À VENCE,

PAR

E. TISSERAND DE MELUN,

PRÊTRE, DIRECTEUR DU COLLÉGE DE VENCE.

Historia scribitur ad narrandum,
non ad probandum, ad memoriam
posteritatis et ingenii famam com-
ponitur.
QUINTILIEN, v, 10.

SAINT-CLOUD,

IMPRIMERIE DE Mme Ve BELIN.

—

1855.

(175.) SAINT-CLOUD. — IMPRIMERIE DE Mlle Ve BELIN.

PROLOGUE.

———————

Une histoire de Vence !

Quelle importance peut avoir une si petite ville jetée sur les montagnes, au bout de la France, presque inconnue ?...

Nous avons pourtant, malgré les préventions de certaines gens, abordé courageusement ce petit travail, et après que nous avons eu rassemblé tous les matériaux que nous avons pu nous procurer, soit en puisant dans l'histoire de Provence, dans les annuaires et dans les statistiques du Var, soit en laissant causer les anciens du pays et en recueillant les traditions, nous sommes arrivé à former cette petite notice, qui peut-être encouragera d'autres Vençois à faire quelque chose de plus complet. Heureux aussi si nous pouvions faire comprendre qu'il serait bien d'engager, dans chaque commune, un homme intelligent à recueillir tous les événements de son pays ; il y aurait dans tous ces petits ouvrages partiels le texte d'une grande histoire de France.

Allons donc en touriste à Vence, admirons-en les campagnes, étudions l'histoire de ses évêques et de ses seigneurs, et tâchons avant tout d'être intéressant.

UN TOURISTE A VENCE.

❖

LES GRIMALDI DE CAGNES.

Vous voulez faire diversion aux plaisirs de Nice, sortez par le faubourg Sainte-Hélène, suivez la mer, et arrivez au pont du Var.

Il vous faut le passe-port obligé. Vous traversez cette longue passerelle de bois en désirant que l'entente cordiale entre la France et le Piémont unisse les deux pays par un beau pont de pierre.

Vous voilà sur le territoire de France.

Saint-Laurent, avec son bruyant concours de voitures, de voyageurs et de marchandises, fuit bientôt à travers les massifs d'oliviers et d'orangers.

Vous avancez entre une verdure éternelle jusqu'en vue d'un magnifique spectacle.

C'est la mer avec ses contours gracieux qui vous laisse Antibes à découvert, des coteaux ; et à vos pieds un bel amphithéâtre de maisons blanches.

Cagnes sur sa colline, avec ses bosquets, ses clochers, son vieux château carré et crénelé, est d'un superbe aspect.

Si vous avez quelques instants, gravissez

au sommet et vous verrez encore dans cet antique manoir une Chute de Phaéton, œuvre d'un grand artiste, et une belle cheminée qui vous rappellera celle qui porte le même nom à Fontainebleau.

Les Grimaldi étaient seigneurs de Cagnes.

Ce pays est fertile en anecdotes ; mais le nom de Grimaldi m'en remet une en mémoire, et je ferais tort à nos touristes si je la passais sous silence.

L'illustre principauté de Monaco allait tomber en quenouille.

C'était sous Louis XV ; Grimaldi, cousin au 50ᵉ degré du prince décédé, rassemble tous ses parchemins et se fait fort de revendiquer ses droits.

Il part donc pour Paris, arrive chez le ministre Choiseul-Praslin, et après lui avoir fait part de ses prétentions, lui remet entre les

mains toute sa liasse de titres. « Bien ! lui dit
le ministre, nous examinerons vos papiers...
et je parlerai de votre affaire à Sa Majesté...
dans peu de temps vous aurez une réponse...
comptez sur une prompte solution ; d'ailleurs
Sa Majesté a des vaisseaux et des canons à
Toulon pour faire respecter vos droits. »

Grimaldi sort plein d'espérance, et commence pour la première fois à vivre en grand
seigneur.

Il se donne déjà des airs d'importance, et
rêve à son nouvel empire.....

Au jour fixé il court chez le ministre.

Son cœur bat de joie..... Choiseul avait
plusieurs filles à marier, et comme il espérait
faire une princesse de l'une d'elles.....
« Comte, dit-il à Grimaldi, êtes-vous marié ?
—Oui, monseigneur. —Fort bien, repartit le
ministre. » Puis après quelques instants de
silence : « A propos de votre affaire, Sa Ma-

jesté s'y est vivement intéressée, mais elle a déclaré qu'elle ne pouvait rien pour vous...»
Et Grimaldi

> ......s'en alla comme il était venu,
> Mangeant son fonds avec son revenu.

GASPARD DE BESSE.

Cagnes est appelé à grandir, surtout lorsque le chemin de fer aura rallié Nice à Toulon.

Vous avez traversé Cagnes..... tournez à droite, vous n'avez plus qu'à marcher dans cette route magnifique qui vous montrera Vence après une heure et demie.

Pendant un kilomètre, vous longez le village que nous venons de parcourir.

Il n'a pour boire que l'eau d'une citerne, près de laquelle vous passez.....

C'est en vain qu'ils ont, pour obtenir une source, imploré le secours de la baguette divinatoire.

Leur dernier espoir est dans le rocher de Saint-Jeannet.

Après avoir dépassé la fontaine et salué le champ funéraire, si tristement placé au pied de la colline, vous vous enfoncez dans une gorge profonde, entre des bois touffus de chêne et de pin.

Là, été comme hiver, vous oubliez le beau climat du midi.

La gorge de la Bufflé est toujours froide.

C'est dans ce ravin et dans ces bois que le célèbre Gaspard de Besse, de triste mémoire, avait établi son repaire.

Combien d'infortunés voyageurs assassina ou détroussa le féroce bandit !

Gaspard, dit-on, faisait souvent l'aumône aux pauvres de ce qu'il volait à ses victimes. — On l'en loue.....

Malgré ces actes trop vantés, je n'excuse

pas le brigand... et je ne suis pas de cette école d'écrivains qui s'efforcent de montrer le beau dans le laid, la vertu dans le crime.

LE BRIGAND.

Plongez au fond du ravin solitaire :
Sous ces rochers est l'antre du bandit.
La bête fauve a son affreux repaire :
Le crime aussi s'enfonce dans la nuit.

Sabre au côté, poignard à la ceinture,
Quand il est tard, que tout au loin s'endort,
Le brigand court de sa caverne obscure,
Pour propager aux alentours la mort.

Malheur, malheur au mortel qui s'égare,
Au voyageur qui retourne le soir :
Le brigand tue, et de son bien s'empare,
Puis, chargé d'or, regagne son antre noir.

Pour un peu d'or le voleur assassine :
L'or dans le cœur éteint son noble feu ;
Il trouble tout, il corrompt, il ruine :
Pour l'or on vend et son âme et son Dieu.

LA BELLE VALLÉE DU MALVAN.

SAINT-PAUL ET LA COLLE.

Nous commençons à gravir... Quel ouvrage pour creuser cette route magnifique !...

On a fouillé dans ces sables et ces cailloux jusqu'à plus de 30 mètres de profondeur.

Vous avancez entre les couches horizontales de sable marin, telles que la mer les a roulées et déposées dans le grand cataclysme qui noya les crimes des hommes.

Hélas ! il est des créatures à face humaine qui se prennent à nier tout ce que les livres révélés nous ont appris. S'ils ne savent pas que le célèbre Cuvier et toute la science ont fait bonne justice de leurs attaques, qu'ils se convainquent du déluge, en parcourant tous les coteaux de Vence avec leurs mille rochers, coquillières, leurs pétrifications des poissons et leurs cailloux lissés et arrondis par le roulis de la mer.

Vous avez gagné les hauteurs...

Oh! l'admirable panorama! dans le fond des vallées, au pied des chaînes de l'Esteron c'est Saint-Jeannet, c'est Vence.

A gauche, la tour mauresque de Villeneuve et son château, les bois du Loup, Antibes et son phare, l'Esterel, la Colle, et la jolie petite ville de Saint-Paul.

J'ai beaucoup à vous raconter pour vous rendre la route encore plus agréable.

Nous parcourons la verdoyante et profonde vallée du Malvan...

Le fleuve, ou plutôt le torrent dont elle porte le nom, ne coule que par les grandes pluies.

2

Les oliviers ont dans ces bas-fonds une végétation des plus vigoureuses. L'un d'eux a plus de dix mètres de circonférence.

Rien n'est plus gracieux que la vallée du Malvan.

Parcourue dans les contours de la route que nous suivons, elle donne à chaque pas une nouvelle variété de tableau.

Ici c'est Saint-Paul qui se dessine sur son mamelon... Son joli clocher, ses maisons, groupées et enfermées dans ses murailles, ont un aspect tout féodal. On dirait un nid d'aigle posé sur un rocher...

Oui, Saint-Paul est fortifié.

François Ier après la victoire de Marignan ordonne qu'on lui construise une forteresse pour défendre les abords du Var... L'ingénieur jeta les yeux sur Saint-Paul... et choisit si bien et si juste, que son roi le fit pendre pour le récompenser.

Aujourd'hui il ne reste plus que des remparts en ruine et un vieux canon sans affût exposé sur la place.

Un sergent du génie est encore préposé à la garde de Saint-Paul.

Saint-Paul était une collégiale ressortissant de l'évêché de Vence. Un vigan y résidait, et un gouverneur commandait la place.

Rien de beau comme son site, de productif comme son territoire, si fécond en fruits de toute espèce, et même en oranges.

Ses vignobles sont délicieux, son air pur, ses habitants renommés par leur civilisation.

Saint-Paul est le séjour de quelques retraités. Si vous y allez, vous rencontrerez un vieux soldat aveugle, conduit par quelque ami du pays! C'est celui qui planta le premier le drapeau français sur les murs de Saint-Jean d'Acre; de simple tambour il devint officier, et fut décoré à l'instant même.

Quoique aveugle, et conduit par la main, le capitaine Baudoin n'a pas le sort de Bélisaire : il reçoit du trésor une noble et glorieuse retraite.

Avant de dire adieu à Saint-Paul, payons un juste tribut de gloire à un nom qui n'est pas assez connu. Je lis dans l'histoire de Provence en 1536 que Raphaël Roux de Cormis, gouverneur de Saint-Paul du Var, périt aux environs de Grasse, les armes à la main en combattant pour la France. Il était âgé de quatre-vingts ans. François Ier était à Lyon, Charles-Quint à Saint-Laurent et à Villeneuve depuis le 25 juillet ; André Doria tenait la mer ; et Fernand de Gonzague, avec quatre mille hommes, occupait nos montagnes jusqu'à Grasse.

Cette ville renferme dans ses murs la ba-

ronne de Cónségudes et les petits-neveux
de la célèbre actrice, mademoiselle de Roquefort.

Saint-Paul, devenu bonne ville et forteresse, ne suffit plus à contenir ses habitants.

Ils durent descendre dans la plaine, et
allèrent grossir le hameau de la Colle (petite
colline), aujourd'hui charmante commune
de quinze cents âmes, avec de jolies rues,
une belle église, style Louis XIV, un vieux
château, dit le Canadel, antique résidence
de moines eusébistes, puis du seigneur de
Tourrettes.

Il appartient maintenant à la famille Ray-
baud, dont le père fut gouverneur de la
Flèche. De ses fils, l'un, encore consul à
Haïti, a formé un petit musée de tableaux
et de meubles rares. L'autre, docteur habile,
membre du Conseil général, est à la Colle,
le maire et le bienfaiteur chéri du pays.

La Colle est un village industrieux. Il est peu de pays où les habitants aient un air d'aisance plus marqué. Ils commercent de tout et partout.

Il est la première patrie d'Eugène Sue. — Si le trop célèbre écrivain est né à Paris, ses ancêtres et son père sont de la Colle.

J'aimerais mieux pour la Colle quelque nom de Massillon ou d'Agricola : mais Hyères et Fréjus en sont justement fiers.

Si nous avions le temps, nous explorerions les rives si pittoresques du Loup, petit fleuve renommé par ses truites et ses anguilles, la source dite Sainte où but saint Arnoux, les grandes ruines d'une commanderie des Templiers, appelée le Castellas, sur un coteau pittoresque. — Un habitant de Roquefort y trouva, dit-on, une marmite toute remplie d'or ; un cultivateur une cloche enfouie depuis des siècles. — Mais jetons un dernier regard sur le beau château de Villeneuve avec sa tour mauresque; car nous descendons une côte rapide. Adieu, la vallée, adieu, la mer, pour quelque temps... Nous avançons maintenant comme au milieu d'un grand et magnifique jardin, et dans vingt minutes nous sommes à Vence.

SAINTE-ELISABETH.

Une chapelle sur un rocher !... On voit à Vence beaucoup de chapelles ou d'oratoires.

Ici l'oratoire de Saint-Lambert, de Saint-Veran, de Saint-Donat, la chapelle de Saint-Pons, de Saint-Crespin, de Sainte-Colombe, de Sainte-Anne, de Notre-Dame, de Saint-Pancrace, de Sainte-Elisabeth, les deux chapelles des Pénitents blancs, les dix chapelles du Calvaire. On comptait à Vence, avant la grande révolution, vingt-quatre à vingt-cinq chapelles, en y comprenant la cathédrale... et aujourd'hui, il en reste

encore une quinzaine, mais dans quel état !...
Sainte-Elisabeth peut déjà vous en donner
une idée.

Chaque année, en juillet, vers la fête de
la Visitation, ce rocher se couvre d'une
grande foule de peuple en habits de fête. —
Quelques tentes se dressent le long de l'é-
troit chemin, et dans les terres voisines ....
C'est le romirage de Sainte-Elisabeth. On
agite la cloche de la chapelle ce seul jour,
en signe de réjouissance. — La messe a été
célébrée à l'autel orné et paré pour cette
solennité, et le soir, tout est rentré dans
le silence.

Un romirage en Provence est tout à fait
original... Ce ne sont plus les fêtes élégan-
tes du Nord... Ici tout est encore empreint
de l'antique simplicité...Or, de tous les romirages de Vence, Sainte-Elisabeth est le
plus fréquenté.

Il y a ordinairement des prix..... ce sont des assiettes en étain, des rubans, un foulard. — Et à ce prix on joint celui de Saint-Eloi, qui consiste en selles et en harnais.

Le prix est promené dans les rues au son du fifre et du tambour. — Une farandole ou danse mauresque parcourt en même temps la ville.

Le moment de la fête arrivé, les agates, ou intendants des jeux dirigent le prix au milieu de la foule, et après l'avoir promené plusieurs fois, le sergent de la ville en habit de gala tire le fusil... C'est d'abord la course aux ânes, aux grands éclats de rire de la foule ; puis la course aux mulets, puis celle aux chevaux.

On fait courir les jeunes gens, les enfants.

On fait les trois sauts... et le vainqueur

va prendre son prix au milieu des plus grands applaudissements.

Les autorités sont juges dans les contestations qui arrivent assez souvent, et qui donnent lieu à des rixes entre les habitants des différents pays...

Le reste des gens de la fête danse quelque temps, chante et boit... S'il y a une musique dans la petite ville, elle vient donner un petit concert, après lequel toute la multitude retourne dans ses foyers.

Il ne reste bientôt que quelques hommes avinés, ou des familles, qui se répandent dans les campagnes environnantes, pour faire le festin du soir, festin frugal comme celui des patriarches : des fruits, quelques gâteaux, une tranche de mouton rôti arrosée, s'il en reste encore, de quelques rasades d'un bon vin de Vence, de la Gaude, ou de Valette, le tout assaisonné d'une gaieté par-

faite et toute méridionale, sous le ciel le
plus beau du monde ; tel est le banquet de
tous les romirages.

L'ASPECT DE VENCE.

Vous n'avez par la route de Cagnes aucune vue de Vence.

Vous y entrez brusquement, en longeant des murs... A gauche c'est le cimetière, avec son inscription philosophique : *Respect à la mémoire des morts.* Sorte d'anachronisme dans un pays si chrétien.

Vence, ancien évêché, a eu aussi sa terreur en 93... et il a dù faire du zèle pour se montrer bon patriote. Aussi remarquez-vous, après avoir passé la chapelle des Pénitents noirs, cette autre inscription : *Maison d'humanité*, au lieu d'*Hôtel-Dieu*, sur le monument que légua à Vence, avec tous ses biens, la charité d'un illustre et saint évêque de cette ville.

Quelle vieille ville que Vence ! nous quittons la rue du Signadour, ou du Signe de la Croix, pour entrer sur le cours ou rue des Calades... C'est la plus belle vue de Vence... A gauche une belle fontaine, en face une porte ogivale sous une tour, à droite de beaux marronniers, une eau courante, de grandes maisons, et de vieux remparts transformés en habitations. Vous suivez cette allée ombragée, qui vous conduit aux hôtels..., à une belle terrasse, et à l'endroit le plus animé et le plus pittoresque de la petite cité.

Les grands bâtiments que vous avez à votre droite, c'est le château et la tour des anciens seigneurs de Vence.

Mais avant d'explorer la petite cité, reposez-vous de la route, je vous raconterai en quelques mots l'histoire de Vence.

Cette ville a la même origine que Marseille, et est, comme Nice et Antibes, une colonie des Phocéens ; sa fondation remonterait au IVe ou Ve siècle avant J.-C.

Elle était la capitale d'un petit peuple appelé les Nérusiens. Devenue la conquête de Rome, elle aurait reçu du proconsul de la province nommé Vintius, le nom de *Ventium* (Vence), et deux autres Romains, *Malvinus* et *Lubianus* auraient donné aussi leur nom aux deux cours d'eaux qui arrosent son territoire : le Malvan et la Lubiane.

Les Cimbres et les Teutons, les armées d'Antoine et de Lépide, la rivalité d'Othon

et de Vitellius, qui ont porté la guerre sur
le littoral, ont dû s'élever aussi jusqu'à la
petite ville de Vence.

Posthumius, général romain, eut assez de
difficulté à réduire nos peuplades révoltées.
Vence a participé aux crises de l'empire,
dont la Provence était si souvent le théâtre,
et dont les événements sont comme buri-
nés sur les pierres dédicatoires qui couvrent
ses murs.

Un décurion gouvernait Vence, qui avait
le droit de cité.

Nous avions un forum, des aqueducs.

L'abside de la cathédrale était l'ancien
temple consacré à Cybèle et à Mars ; mais
notre dieu Mars était tout pacifique, et venait plutôt se reposer chez nous que guer-
royer. Une foule de riches Romains abri-
taient leur santé sous ce ciel étincelant et
si pur.

L'évêché de Vence est l'un de plus anciens de la France... Il date du IIIe siècle, et eut pour premier évêque saint Audinus.

Sa seigneurie fut créée au XIIe siècle, en faveur de Romée de Villeneuve, sénéchal du comte de Provence.

Le sanctuaire de Mars, bâti sous Auguste, comme il appert d'après certains revenus qu'assigna à ce temple le préfet des Alpes maritimes, fut changé en temple du vrai Dieu.

L'église de Vence eut une large part à la persécution de Dèce ; le christianisme y était déjà florissant.

Quand saint Eucher vint visiter nos contrées, tout était dans la plus grande désolation. Au rapport de Salvien, le Jérémie de son temps, ce n'était que corruption et désordre.

Saint Véran, fils de saint Eucher, tiré du monastère de Lérins, pour être élevé au siége pontifical, employa son zèle à rétablir la foi. Saint Eucher, Salvien, saint Sidoine Apollinaire, gendre de l'empereur Avitus, font le plus grand éloge de saint Véran.

Comme Alaric à la vue de saint Léon le Grand, Genséric, à la prière de saint Véran, respecta la petite cité... Euric, le farouche ennemi des orthodoxes, se laissa lui-même toucher... tandis qu'il martyrisait l'évêque de Fréjus...

Le zèle des saints évêques était partout le même, alors que l'hérésie et la barbarie avaient juré d'anéantir la vraie foi.

Plus tard, les restes de saint Véran et de saint Lambert, placés sur les autels et jusque sur la tour de l'église, terrassèrent encore les armées qui voulurent assiéger la cité et éloignèrent les fléaux.

Guillaume le Blanc et Surian conserveront les antiques traditions de leurs saints prédécesseurs. Le premier au moment de la réforme, le second lors de l'invasion des armées ennemies, sauvent encore la ville épiscopale.

C'est au temps des Vandales ou des Maures que fut bâtie la forteresse, ou village fortifié dont on voit les débris sur la montagne des Pénitents-Blancs... Ce fort, retraite des habitants de Vence et des environs, portait le nom de Saint-Laurent.

Lui redira les luttes de ces temps malheureux !

. Les tombeaux en briques des Sarragènes et leurs ossements jonchent partout le sol de Vence et les montagnes environnantes.

L'idiome lui-même, outre les traces de la langue grecque, garde aussi des expressions arabes. Certains quartiers portent le nom de Maures. Les fortifications de Vence, telles qu'elles sont de nos jours, remonteraient à cette époque.

Au moment des croisades, Vence envoie son seigneur à la terre sainte sous saint Louis.

Une commanderie des Templiers, sous le patronage de saint Martin, défend la petite cité et s'enrichit de toute la montagne ainsi que d'une partie du territoire.

Hélas! en 1307, les richesses énervèrent la milice sainte, et le dernier commandeur, Hugolini, fut arrêté avec ceux de Grasse et de Nice, et envoyé dans les prisons de Tarascon (13 octobre 1307).

Des guerres sanglantes au XIV⁰ siècle éclatent entre les comtes de Provence, rois de Naples, et d'autres prétendants. — C'est pour récompenser Guichard de Villeneuve de Vence de son courage contre Charles de

Duras, qu'il reçut la seigneurie de Tourrettes.

En 1386, les habitants de Vence, de Saint-
Paul, de Cagnes, de Saint-Jeannet et des
environs, vont à l'île Saint-Honorat, et se
réunissent aux autres troupes pour repous-
ser le corsaire génois Salagro de Negro.

Le château de la célèbre Jeanne atteste
sa présence parmi nous à Saint-Raphaël.—
Dans les guerres d'Italie, les troupes rivales
promènent leur fureur dans nos pays...
François Ier monte à Vence après la bataille
de Marignan (1519). Hélas ! quelques années
après, un vaisseau ennemi devait, en vue
de nos côtes, l'emmener prisonnier à Ma-
drid.

La rivalité recommence. Le connétable de
Bourbon (1524) s'empara de toute notre
contrée en juillet, et regagna l'Italie en septembre, en 1536, tandis que les flottes d'An-

dré Doria croisaient sur le littoral, Charles-Quint part de Saint-Laurent, et voyant avec quelle facilité il s'empare de Saint-Paul, de Vence et de Villeneuve, il se met à crier : « Poco a poco rey Francie. » On le lui prouva bien quelques jours après. Installé à Villeneuve, il fut obligé de céder le château à François 1er et de conclure la trêve de Nice.

La réforme met en feu la Provence : de là naît la lutte entre les Carcistes et les Razats. Le baron de Vence y joue un rôle important ; les habitants de Saint-Paul, qui tenaient pour les Razats, se joignirent aux troupes fidèles et débarrassèrent la contrée de leurs terribles ennemis en 1578. La ligue éclate. Les seigneurs de Vence penchaient pour le protestantisme. Scipion, baron de Vence, nommé gouverneur de Grasse, voit tomber sous les murs de cette ville le sieur de Vins. Malgré cette perte, la

ville fut prise et Vence obligé de fuir. —
C'est en ce temps qu'avec sa petite armée il
vint attaquer la ville de Vence et son évêque
Guillaume le Blanc. — Les assiégés avaient
placé sur la tour de l'église les bustes et les
reliques de saint Véran et de saint Lambert
pour les couvrir de leur protection. — On a
encore un document précieux qui rappelle
ce fait. — 600 Huguenots restèrent dans les
fossés.

Dans les guerres suivantes la ville est
souvent visitée par l'ennemi (1629, 1746 et
1747, 1792 à 1815), et les registres de l'état
civil font foi que des troupes résidaient à
Vence. — En 1707, c'est le régiment de
M. de Valobe; en 1709, celui de M. Ditche;
en 1710, celui de M. Rirache, logé en quartier d'hiver à Saint-Paul, à la Colle et à
Vence.

La révolution a eu ici ses terroristes.....

Les archives furent pillées, les croix abattues et brûlées, l'église dévastée, les bibliothèques jetées au vent, le séminaire et l'évêché transformés en casernes ou en ambulance. Il y eut même des victimes, car la ville était divisée en deux partis acharnés l'un contre l'autre, la ville et le faubourg.

C'est à Vence que fut formé le bataillon du Var, et que Masséna en fut élu le chef (1792).

Bonaparte étant à Nice, vint, dit-on, dans une de ses promenades méditatives jusque sur le territoire de Vence. Il s'arrêta au *Pilon*, contempla nos sites pittoresques et retourna sur ses pas.

Dans les événements contemporains, Vence a eu ses jours d'enthousiasme et ses tristesses.

Un élan magnifique eut lieu dans la petite ville, lorsque M. Maurel, l'élu de 52,000 suffrages, fut envoyé en 1848 à la chambre des représentants. — Grand banquet, et le lendemain une multitude escortait sa voiture jusqu'à Cagnes. — Lorsque le choix tombe sur un homme loyal et vertueux, la joie est toujours plus vive, parce qu'elle est franche et sincère.

Vence a ses célébrités littéraires.

Elle est la patrie du président Guérin de la cour d'Aix. Cet homme de grand talent et d'une rare probité fut cité un jour à se rendre devant l'empereur pour rendre compte de sa conduite. Il avait acquitté un homme du peuple qui avait, dans une petite sédition, mis à mort un gendarme. — Ah! lui dit l'empereur aux Tuileries, c'est vous qui traitez ainsi mes gendarmes. — Sire, répondit le président, j'ai agi selon ma conscience, et si j'avais à juger encore cette affaire je prononcerais de même; et il expliqua ses raisons avec beaucoup de fermeté et de sang-froid. — J'aime ce président, s'écria l'empereur ; qu'on le renvoie à ses fonctions.

Le frère du président Guérin fut non moins célèbre.

Après avoir été, dans sa jeunesse, secrétaire général de l'intendance de Provence, il fut, pendant de longues années, l'émule de Portalis et de Siméon au barreau du parlement. On lui doit la notice de M. de Surian. — Il périt à Toulon, victime de son courage et de son patriotisme, le 6 août 1792.

Les deux fils du président Guérin honorent encore aujourd'hui les sciences et la magistrature.

Citons aussi un nom célèbre dans les fastes de Vence, celui de M. Mars, ancien juge de paix, homme plein d'esprit, de sens et de droiture. — M. Achard, qui lui succéda, et

M. Malivet, qui siége aujourd'hui à Vence, ont aussi bien mérité de la contrée.

Vence a donné le jour à M. E. Labaume, littérateur, poëte, journaliste et sincère catholique.

Delille est né à Vence en 1778.—Mirabeau y vint voir souvent la trop célèbre Sophie de Vence.—Madame de Sévigné y visita la famille de Vence, à laquelle son sang devait plus tard se mêler.

M. N. S. S. Godeau et Surian, tous deux académiciens, étaient évêques de Vence, et leurs corps reposent dans l'église.—Si petite donc que soit notre chère cité, elle est, vous le voyez, assez grande en gloire et en souvenirs.

Elle a ses saints et ses grands hommes. —Elle a son catalogue de 70 évêques et sa célèbre famille de Villeneuve. Il y a une dizaine d'années le dernier des Villeneuve voulait parcourir encore les lieux aimés de son enfance..... Il pleura, dit-on, sur des ruines.

Hélas ! c'est un peu notre rôle à tous, grands ou petits... Qu'est le monde, sinon un vaste champ funéraire.....

VENCE ET SON ADMINISTRATION

ANCIENNE ET MODERNE.

Une tour crénelée, telles sont les armes de l'antique cité.

Elle eut un décurion pour la gouverner.

Avant la grande révolution, c'étaient deux syndics ou consuls, dont l'un avait le titre de seigneur du Malvan.

Les Villeneuve de Vence partageaient la juridiction avec le prélat ; le prévôt du chapitre jugeait les affaires.

Vence ressortissait de l'archevêché d'Embrun et du parlement d'Aix. Le dernier évêque de Vence est mort évêque de Namur.

Aujourd'hui M. de Fréjus continue la longue tradition de nos 70 évêques, ainsi

que celle de sa ville épiscopale de Toulon,
d'Antibes et de Grasse.

Le titre d'archiprêtre avait été conservé à
Vence comme vestige de son ancienne splen-
deur.—Il y a aujourd'hui un doyen et deux
vicaires.

Le chapitre se composait d'un prévôt,
d'un archidiacre, d'un grand chantre, d'un
sacristain, de cinq autres chanoines, dont un
théologal, de neuf bénéficiaires, de 2 curés,
d'un diacre et d'un sous-diacre, d'un maître
de musique et de six enfants de chœur.

Tout était à la nomination de l'évêque :
dignités, cures, bénéfices. L'évêché rappor-
tait 8,000 livres. Le diocèse avait vingt et
une paroisses, dont trois dans la Savoie.
Point de couvent : la seule collégiale qu'elle
eût était Saint-Paul.

Ce diocèse, l'un des plus petits de France,
n'eut jamais de concile.

Simple chef-lieu de canton, Vence ressortit aujourd'hui de la sous-préfecture de Grasse et de la préfecture de Draguignan. —Elle a environ 15,000 habitants sur son territoire, et 3,000 dans son enceinte.

Justice de paix, gendarmerie, douane avec le capitaine, percepteur, receveur des douanes, receveur de l'enregistrement, employés des contributions indirectes, et même commissaire de police. Il y a toute l'administration d'un canton, et la société d'une gentille petite ville.

Peu d'industrie, quelques fabriques de cloux, de chapeaux, une tannerie, au lieu de sept ou huit qu'elle possédait autrefois, deux fabriques de cire, une fonderie, beaucoup de moulins à huile, une papeterie sur la Cagne, et une belle parfumerie à Notre-Dame.

Son territoire donne tous les deux ans en

olives, de 6 à 700 mille francs d'huile au commerce ; et chaque année une centaine de mille francs en figues et en pommes, dites de Vence.

Elle a quelques oranges..... cultive les roses et les violettes pour la parfumerie.

Les vins sont de bonne qualité..... mais aujourd'hui les vignes ont été atteintes de la maladie commune.

Elle élève des porcs pour plus de 60 mille francs par an.

Les bergers de la Brigge qui, chaque année, arrivent avec leurs troupeaux après la Toussaint, animent ses campagnes et donnent d'excellents moutons, des agneaux et des chèvres.

Le territoire rocailleux ne fournit la provision de blé que pour cinq mois au plus. — Il lui faut en acheter, outre le vin, pour plus de 200 mille francs.

Vence est riche de son sol, lorsque le ciel sourit à ses durs travaux.— Il aurait besoin de plus d'industrie et de commerce. —Rien de riche et de varié comme la campagne de Vence.

Si cette petite ville n'a pas les beaux édifices de Nice, de Cannes et des villes voisines, on peut lui envier sa belle nature.

Je ne puis mieux comparer Vence sur sa colline avec son écharpe de verdure qu'à la plus gracieuse des divinités mythologiques. —Si j'avais à lui donner quelque emblème, je la couronnerais d'oliviers et de roses, et je lui mettrais dans les mains la corne d'abondance.

D'ailleurs, cette tour, armoirie de Vence, ne représente-t-elle pas Cybèle, dont le front est orné d'un semblable attribut et dont les mamelles sont pleines du lait le plus pur.

4

La température de Vence est douce et tempérée, son air vif est favorable aux santés débilitées.

La neige couvre les montagnes environnantes ; ici, même en décembre, nous jouissons d'un printemps continuel : les citrons, les oranges, les grenades et les olives pendent aux arbres.—Tout ici est excellent ; la châtaigne y est très-bonne... le raisin y naît presque sans travail, le froment est délicieux, les pommes et les poires de Vence sont estimées dans le midi ; les figues sont l'objet d'un grand commerce.

Le gibier et surtout les bec-figues, la bécasse et la perdrix y abondent ; le lièvre s'y nourrit de thym et d'autres plantes parfumées. — Il n'y a pas jusqu'à la chair des animaux qui n'y ait un goût exquis qu'on ne trouve pas ailleurs.

La paix et le bonheur président aux paisibles jouissances de cette population active et agricole, qui ressemble à une grande famille placée au milieu d'un jardin de délices.

FÉVRIER A VENCE.

La neige fond, les froids piquants
Se sont enfuis sur les montagnes.
Nous revoyons dans nos campagnes
Les gais messagers du printemps.
Tout éblouissant des fleurs blanches,
Déjà le riant amandier,
Au doux soleil de février,
Vers le midi montre ses branches.

L'oranger commence à fleurir,
La séve monte dans la plante,
L'agneau bondit et l'oiseau chante :
Tout renait et s'ébat de plaisir.
L'abeille gaiment se promène
Et pique aux pointes les bourgeons ;
L'homme pour creuser ses sillons
Quitte le foyer pour la plaine.

La violette et le muguet,
Au pied du rocher qu'ils tapissent,
Par leur doux parfum se trahissent.
L'enfant en forme son bouquet ;
Il bondit, et court plein de joie
L'offrir à ses aimés parents,
En disant : Voilà le printemps ;
Voilà ce que Dieu vous envoie.

Février réjouit la mer :
Le flot est pur ; il étincelle.
Berçant doucement sa nacelle,
Le matelot chante son air.
Si le pêcheur rame avec peine,
Il rit en regagnant le port ;
Il sent couronner son effort
Au lourd filet qu'il y ramène.

LE TAURIBOLE

SES VIEILLES INSCRIPTIONS.

Remuez le sol de Vence; il est tout romain : colonnes, statues, inscriptions sont enfouies sous les pierres de ses rues tortueuses.

La municipalité a eu soin de conserver toutes celles qu'elle a déjà trouvées, et dont elle doit la conservation à M. Béranger. Les murs de l'église en sont couverts, et Rome semble revivre, et se dresser dans tous ces noms romains.

Ici c'est Julius Marcianus qui a élevé un monument à son épouse très-méritante, *Aurélie Sabinella,* et Maximia Quintina Vivia à sa fille qui la chérissait, Cornelia

Sabinella-Emma Fuscine s'est élevé ce monument de son vivant.

Le décurion de Vence, magistrat et prêtre, Lucius Veludius Valerianus, se fait élever un monument pour lui et pour son épouse Vibia Paterna, fille de Mucius.

Combien on est attendri en lisant cette inscription :

Jucundilla a élevé de son vivant ce monument à son fils Onésiphore, qui la chérissait. Il a vécu vingt-cinq ans.

Julius Clemens à Julius Eugène, son élève dont il était chéri.

A vous, mânes qui reposez dans ces lieux, calme et repos!

Les siècles nous séparent de vous avec vos vieilles croyances de l'Elysée et du Tartare.

Puissent vos ombres, errant aujourd'hui près du sanctuaire chrétien, et mêlées à celle de vos descendants, avoir trouvé grâce auprès du vrai Dieu.

Lisez tous ces noms, humides encore des pleurs de leur famille. Bleme Frontinella est décorée d'un tombeau par P. Ennius, Papira, le décurion Lucilianus, le décurion Brutenus Flamine, Valvia Materna et Ennius Aulius, père, mère et parents de cette jeune fille.

Livius Nicostratus et Livia Nicea ont élevé un mausolée à Livius Onesimus et à Livia Hernia.

C'est un époux qui pleure son épouse, une mère sa douce fille, ou un fils tendrement aimé; une fille sa mère très-douce :

Severina à sa mère Vivia Melpomène.

Un magistrat de Seillan, M. R. Félix, habitant de Cimmiez, élève une pierre dédicatoire au Mars de Vence, *Marti Vintio.*

Une autre pierre est dédiée aux dieux

Mânes; et une hache très-bien sculptée se montre aussi sur un *ex voto* pour indiquer l'œuvre achevée d'une tombe.

Ici on vous rappelle que des sacrifices ont été offerts aux furies par Confucius Juvenius.

Ce prêtre a accordé les *Némésis* à Calp. Pamphillus pour Pœlius Pamphillus.

Comme tout est romain : voici le bas-relief d'un autel avec des enroulements, remplis de rosaces, d'étoiles et d'ancres : au-dessus est une aigle aux ailes éployées.

La ville entière est couverte de ces inscriptions.

Voyez des piédestaux, vous y lisez :

« L'ordre des Vençois ou Vintiens dédie ce monument à Valérien, noble César, prince de la jeunesse, fils de Marc-Aurèle, petit-fils de Valérie et Gallien Auguste.

Il était César en 253 de J.-C. et était venu

en Gaule apprendre la guerre, sous le général *Posthumius*, qui y commandait.

Une autre pierre votive était élevée à l'honneur de Caracalla, pieux, heureux, Auguste, trois fois tribun, trois fois consul, père de la patrie.

Vence saluait tous les élus de Rome avec les mêmes acclamations, et leur élevait des statues.

Cette autre : *A Gordien III, pieux, heureux, Auguste, deux fois tribun, père de la patrie, consul de la cité de Vence dévouée à sa puissance et à sa majesté.....* (239 de J.-C.).

Enfin celle-ci est en mémoire de l'élévation de Julien l'Apostat.

Deux colonnes de granit dont l'une est surmontée d'une croix sur la place du Vieux-Cimetière, et l'autre qui soutient la Poissonnerie attestent à leurs piédestaux que Vence était l'alliée de Marseille, et qu'il reçut ces deux colonnes, comme témoignage de sympathie et de bonne union.

Ces colonnes sont tirées des carrières de l'Estérel, où l'on voit encore debout d'autres fûts de colonnes, qui avaient été ébauchées lors de la conquête de Jules César dans les Gaules.

Cette pierre porte les mots suivants :

— *Finis agri* — *curante ac dedicante* — *J. Honorato procuratore Augusto, P.P. præsidio Alp^m. Maritimarum.* —

Mais pénétrez dans la vieille cathédrale : toute sombre et toute lourde qu'elle est, elle sera pour vous pleine d'intérêt.

L'abside était l'ancien temple de Mars et de Cybèle.

Sous les piliers, rapporte la tradition, ont été entassées les statues des empereurs et des faux dieux ; des fouilles intelligentes nous les mettraient à découvert.

Approchez-vous de l'autel Saint-Véran, vous y verrez un magnifique sarcophage, ancien et beau vestige de la sculpture romaine. Le musée de Paris serait fier de le posséder.

On y voit la figure d'un homme barbu enveloppé dans son manteau..... et à côté, un buste de femme, et au milieu, une conque marine..... Deux génies ; l'un a un masque comique devant le visage, l'autre a son masque près de lui.

Apparaissent encore un autre génie mutilé, et un oiseau qui sur une grotte becquette un raisin.

Dans ce vieux temple que d'événements! que d'illustres évêques y ont évangélisé! que de seigneurs y ont prié!..... Là est venue souvent madame de Sévigné..... La règne, sur les débris des adorateurs de Mars et de Cybèle, Jésus entre les bras de sa mère..... On y honore de SS. pontifes, Véran et Lambert, d'illustres prélats, NN. SS. Godeau et Surian, tous deux académiciens, étendus sous les dalles du sanctuaire.

Oui, où siégeait le dieu fabuleux de la guerre, le vrai Dieu, le pacifique, le Christ avec sa croix domine aujourd'hui, type réel du Dieu du ciel, vainqueur de l'enfer et de Satan, du christianisme dissipant les ombres..... La Vierge Marie est à la place de l'idole Cybèle..... et par une singulière coïncidence, aux murs mêmes de l'église, cour de l'évêché, vous trouverez les traces du plus terrible sacrifice de l'antiquité, le *Tauribole*.

Valeria Mariana, Valeria Carmosina, et Cassius Paternus, magistrat et prêtre, ont célébré à leurs frais le Tauribole en l'honneur de la déesse Maia (Idææ Maiæ).

Pour offrir ce sacrifice du taureau, il fallait être riche. Le fidèle entrait dans une fosse creusée à une certaine profondeur..... on posait au-dessus de lui une planche trouée en forme de crible..... L'initié, revêtu d'une robe de soie, une couronne et des bandelettes sur la tête, recevait sur lui le sang de la victime égorgée.—

En sortant de la fosse, on se prosternait devant lui, et ses habits étaient comme des reliques sacrées. — C'était le sacrifice de Mythra.

Depuis que le sang rédempteur a purifié le monde, un holocauste bien plus auguste s'accomplit chaque jour sur ces autels ; mais ces mythes et ces figures restent attachés aux murs comme des témoins éternels de la divinité du sacrifice.

L'église cathédrale de Vence date du iiie siècle. Elle est sous le vocable de Notre-

Dame, de Saint-Véran, et de Saint-Lambert.

L'autel en marbre est de 1768, c'est l'œuvre d'un Génois. — Dans les caveaux sont les sépultures des évêques et des seigneurs.

Ne quittez pas l'église sans avoir visité son chœur, placé au fond de la grande nef : c'est à peu près le seul de ce genre qui existe en France. Il forme comme une grande tribune. Les stalles sont un bel ouvrage de sculpture du XVe siècle ; elles auraient besoin d'être réparées.

Combien tout parle à l'âme dans tout ce que nous venons de parcourir ! Comme ici les temps anciens se confondent avec les nouveaux ! Les vieilles colonnes des Marseillais, vestige des Grecs et des Romains, servent aujourd'hui à l'instrument de notre rédemption : ces piliers de la cathédrale posés sur les dieux du Capitole, ces tombes païennes alignées devant le vrai Dieu, cette église aujourd'hui consacrée à Notre-Dame, ce sarcophage, qui est l'autel de Saint-Véran, n'est-ce pas le christianisme greffé sur la gentilité, selon l'expression de saint Paul, et cette prophétie d'Isaïe n'est-elle pas accomplie : *Veniet omnis caro adorare Deum in conspectu ejus.*

LE PREMIER ÉVÊQUE DE VENCE.

C'était au IIIe siècle ; un homme vénérable, le bâton de voyage à la main, gravit la route sinueuse qui monte de la mer jusqu'à Vence, et vient demander l'hospitalité au foyer de la petite cité.

On l'accueille..... on lui montre ces statues, les remparts, ces vieux temples..... Tous viennent interroger l'étranger et on apprend qu'il est Romain. Le vieillard s'insinue dans le cœur des bons habitants et parle du Christ.

Ces cœurs encore si neufs, et étrangers aux grandes agitations des grandes villes, reçoivent la bonne semence..... Vence est chrétienne, et sa ferveur lui fait obtenir un évêque.

5

La liste de ses pontifes se perd dans l'antiquité.

Audinus, le premier, est sans date.....
Puis se succèdent, en 374, Eusèbe, Jovinius, Arcade, jusqu'à ce que paraisse saint Véran, dont la sainteté est à jamais célèbre.

Saint Véran eut pour père saint Eucher, de race patricienne, et pour mère sainte Galles.....

Il fut placé au monastère de Lérins avec son frère Salomé, pour s'y instruire auprès de l'illustre saint Honorat, alors abbé.

En 442, Véran mérita pour sa science et ses vertus l'évêché de Vence, tandis que son père gouvernait l'Eglise de Lyon et son frère celle de Gênes.

C'est à saint Véran que Vence et la contrée doivent d'avoir échappé aux dévastations de Genséric et aux fureurs sanguinaires d'Eurie.

Le pape saint Hilaire le chargea de réprimander saint Mamert, de Vienne, qui avait ordonné un évêque de Die, malgré l'opposition des habitants.

Il assista au concile d'Arles en 475 ; sa mort fut l'objet d'un deuil général, dit un chanoine de Vence nommé Barillon, qui a écrit la vie du saint.

L'Eglise l'honore le 10 septembre.

Etienne, évêque d'Apt, bâtit un monastère de son nom en 1010, sur les bords de la mer, à l'embouchure du Loup.

Le martyrologe fait l'éloge de saint Véran en ces termes :

« Il fut très-illustre en vertus et en miracles, et après sa mort on mit son corps dans un tombeau de marbre.

» On le releva en 1495 ; ses reliques reposèrent dans une statue d'argent jusqu'à la grande révolution. »

A la suite de saint Véran, citons parmi les illustrations du siége de Vence *Fronime de Bourges*, évêque d'Agde, qui, pour avoir exhorté la princesse Ingonde à demeurer ferme dans sa foi, fut persécuté par le roi d'Espagne Léovigild.

Le tyran envoya même des sicaires pour assassiner le saint prélat..... Fronime s'enfuit sur les terres des Francs, et Childebert lui donna le siége de Vence.

Durand, au II° siècle, trouvait ses chers fidèles *rudes et totius boni ignaros ac religionis*.

SAINT LAMBERT.

Saint Lambert naquit à Baudin, diocèse de l'illustre famille des Pellegrin.

Quand il eut reçu de sa pieuse mère l'éducation de ses premières années, il fut envoyé à Lérins et brilla déjà par sa science et par sa piété.

Il fut promu au siége de Vence en 1114 et le dirigea 40 ans.

Sa réputation de piété était si grande, qu'on venait de loin pour le visiter..... Plusieurs recouvraient la santé, en recevant de lui la bénédiction.

Saint Lambert officiait le jeudi saint à la

cathédrale; il envoie chercher de l'eau au puits de l'évêché. Il la bénit à l'autel, et l'eau se change en vin; on retourne une autre fois; il bénit encore : nouveau miracle.....
Il s'aperçoit à la troisième fois de ce qui a lieu, et tous bénissent le Seigneur qui vient de renouveler le miracle de Cana.

Plusieurs témoins de ce prodige, dit l'historien contemporain de saint Lambert, existent encore aujourd'hui et ont goûté de ce vin miraculeux.

Ce puits porte le nom de Saint-Lambert. Il est malheureux qu'il ait été comblé.

L'eau de ce puits, dit-on, passe de l'évêché sous l'église et sous l'autel de saint Lambert, et va de là à son oratoire..... On chante encore les gloires de saint Lambert dans un vieux cantique qui n'est connu que dans cet ancien diocèse.

Saint Lambert, très-austère pour lui-même, était d'une douceur angélique envers les fidèles et le clergé..... Il jeûnait presque tous les jours, mortifiait sa chair, et ne prenait aucune nourriture avant d'avoir récité le Psautier tout entier.

Il mourut en 1156, le 26 mai, au milieu de son clergé.

La tradition rapporte que la chambre où il rendit le dernier soupir est celle de la tourelle de l'évêché, qui servit plus tard de chapelle particulière aux évêques.

Pierre, évêque d'Antibes, et Arnauld de Nice assistaient à son convoi, au milieu d'un concours prodigieux.....

On fit plus tard les bustes en argent de saint Lambert et de saint Véran. — Sur celui de saint Lambert étaient gravés les douze miracles qu'on trouve mentionnés dans la bulle de sa canonisation.

On a élevé aussi un oratoire à saint Lam-

bert près de Vaugelades... C'est là qu'il se
retirait souvent pour prier.

L'oratoire de saint Véran est aussi à
quelque distance de là.

LES ÉVÊQUES DE VENCE.

Un prélat d'une grande piété, Raynaud, succède à saint Lambert.

Citons Pierre de Grimaldi, frère de l'évêque d'Antibes, qui, le 22 août 1193, ratifie les dispositions testamentaires de Romée de Villeneuve, baron et premier seigneur de Vence, et sénéchal du comte de Provence. Guillaume Ribotti vient ensuite.

Il fut choisi comme juge d'une contestation entre l'archevêque d'Embrun et un commandeur des Templiers qui refusait la visite épiscopale (1242).

Il reçut le don que Raymond Béranger avait fait à l'église de Vence. — Cette clause était annexée au testament : que tous les prêtres qui viendraient au synode diraient une messe pour le repos de son âme.

C'est sous l'épiscopat de Guillaume Ribotti que l'évêché d'Antibes fut transféré à Grasse. — Bertrand en fut le dernier évêque.

Pierre III, évêque de Vence en 1263, est aumônier de Charles, roi de Jérusalem et de Sicile.

Guillaume III de Sisteron, successeur de Pierre III, confirma la donation faite par Raymond Béranger. Il assiste en 1281 à la translation des reliques de saint Maximin, le jour de l'Ascension, et en 1290 au concile d'Embrun.

Les chanoines cèdent à Pierre V, évêque de Vence, leurs droits sur la ville de Vence (1315), droits qu'abandonna plus tard aux seigneurs de Vence l'évêque Grimaldi.

Pierre VI, conseiller de Robert, roi de Sicile et comte de Provence, fonde la chapelle Sainte-Croix et lègue 100 florins d'or pour en bâtir une autre ; on a ses statuts diocésains de 1325.

Foulques II lègue à son chapitre une mitre enrichie de pierreries, et meurt évêque de Toulon en 1328.

Le pape Jean XXII donna à l'évêché de Vence l'hôpital Saint-Laurent du Var, qui était sous la direction de l'ordre des Augustins.

L'évêque de Vence, Raymond III, était pénitencier de Jean XXII, il meurt évêque de Nice en 1333.

Arnaud Bareillon de Catalogne est aussi le pénitencier de Jean XXII.

Guillaume IV, en 1350, achète du grand sénéchal de Provence tous les droits sur la ville de Vence.

Clément VII, en 1378, déclare schismatique l'évêque de Vence, Boniface Dupuy.

En 1379 siégeait à Vence Jean Abrahardi, dit l'Evêque blanc, parce qu'il était dominicain. Il fonde à Vence la fête de Saint-Thomas d'Aquin, et recouvre le palais épiscopal, engagé à la communauté de Nice par son prédécesseur Boniface Dupuy.

La Provence était alors agitée par de grands troubles.

Vence et son seigneur se soumettent à Marie d'Anjou et à Louis son fils. Aussi la reine reconnaissante accorde de grands priviléges à la ville de Vence. Elle voulait faire, disait-elle, une forêt d'or à tous les curieux de la gloire d'Anjou, pour détruire le parti de Charles Duras.

Le pays est dévasté... La reine Marie et Louis convoquent les états de Provence..... On y voit l'évêque de Vence, Marc et Luca de Grimaldi, seigneurs de Cagnes, Guichard de Villeneuve, seigneur de Tourettes.

Louis Ier fonde l'archidiaconé de Vence,

essaye de réunir à son siége celui de Sénez, et meurt évêque de Marseille. Son successeur voulut, mais en vain, supprimer l'archidiaconé.

Aymare, abbé de Lérins, est évêque de Vence en 1459; mais un des bienfaiteurs les plus chers à la petite cité, c'est Raphaël Monzo, de Barcelonne, religieux auguste, confesseur de René, comte de Provence.

Il réunit à l'église de Vence le revenu de deux prieurés ; fit établir les orgues, et plaça les reliques de saint Lambert dans une châsse d'argent. Il meurt en 1491, le 2 octobre.

Jean de Vest, son successeur, était d'abord chantre de la Sainte-Chapelle.

C'est sous son pontificat que tous les juifs furent chassés du royaume, par ordre de Louis XI.

Son frère lui succéda en 1497.

UN PAPE.

Le pape qui se montra si ferme contre Henri VIII, qui conclut la trêve de Nice, convoqua le concile de Trente, confia à Michel-Ange la construction de Saint-Pierre, et approuva l'ordre des Jésuites, le protecteur des lettres, savant jurisconsulte, écrivain élégant en vers et en prose, Alexandre Farnèse fut d'abord évêque de Vence.

Depuis il eut nom Paul III, en 1534. Il ne résida pas, il est vrai, à Vence.

Avant d'être ordonné il s'était marié, et avait eu un fils, qui fut le terrible duc de Parme, Pierre Farnèse.

Paul III, se souvenant de son titre de Vence, demanda au chapitre ce qu'il désirait obtenir de lui. Les chanoines demandèrent seulement des reliques et sa bénédiction.

Paul III, obtempérant à leurs vœux, leur en envoya une riche collection, qui est conservée derrière l'autel du Saint-Sacré-Cœur.

Les Pénitents blancs participèrent aussi aux libéralités pontificales, comme on peut le voir dans leur chapelle.

J.-B. Bonjean devenu évêque, en 1511, par la résignation de Farnèse, ne résida jamais à Vence.

Le successeur de J.-B. Bonjean fut un savant, Robert Cénalis, de Paris, docteur en Sorbonne, trésorier de la Sainte-Chapelle.

Il fut évêque de Vence en 1523, et mourut évêque d'Avranches. — Il a laissé quelques ouvrages contre le protestantisme.

Balthasar prêchait si longtemps, que le chapitre, ennuyé de ses sermons, fit une petite conspiration contre lui, et ne voulut se réconcilier qu'à condition qu'il ne monterait plus en chaire.

Il mourut archevêque d'Embrun.

Cet évêque n'est pourtant pas sans célébrité. Il était président à la chambre des comptes d'Aix.

Il fut chargé par le parlement d'Aix d'aller exposer au roi l'état du Midi ; et François Ier lui répondit : « Nous avons entendu par l'évêque de Vence les ruines et les malheurs que vous avez éprouvés par la venue de l'empereur. Nous ferons ce que nous pourrons pour les soulager. »

1537. — Il est au milieu des événements désastreux qui précèdent dans nos contrées la trêve de Nice ; on le voit près de François Ier à Villeneuve, près du pape Paul III et de Charles-Quint, à la trêve de Nice. Nous avons au concile de Trente Louis IV de Grimaldi, évêque de Vence.

Il fut d'abord ambassadeur du duc de Savoie, auprès de Henri IV, et assista aussi au colloque de Poissy. Il aliéna, malgré les habitants, en faveur de Claude de Villeneuve, la juridiction cédée par le chapitre en 1315.

GUILLAUME LE BLANC (1588-1601).

Audin Garidelli, qui de chanoine de Vence en avait été élu évêque, était mort en 1588. Son tombeau est à Saint-Paul de Vence, où il mourut le 23 avril.

Garidelli était un bon prédicateur.

Guillaume le Blanc, ainsi nommé parce qu'il avait été dominicain avant d'être évêque de Grasse, obtint alors pour lui seulement l'union des deux évêchés, Grasse et Vence. De là, ces luttes avec la population qui l'obligèrent de venir résider à Vence. De plus, les seigneurs penchaient vers la réforme avec une partie des habitants, comme l'atteste encore la rue des Huguenots.

Guillaume essaya d'arracher à ce seigneur protestant le droit de juridiction que ses prédécesseurs lui avaient cédé contre le gré des habitants.

L'exaspération est à son comble. De plus, la ligue qui enflammait la France s'était étendue jusque dans nos contrées.

Les partisans du seigneur quittent la ville, se réunissent aux autres réformés et viennent assiéger les catholiques dans Vence. L'évêque et les fidèles se défendirent si bien que 500 morts des ennemis restèrent dans les fossés, et le seigneur s'enfuit dans sa terre de Gréolières.

C'est là que Guillaume lui écrivit une lettre aussi curieuse que pleine de tendresse. Elle est datée de l'année 1592, et nous en avons l'orthographe. En voici quelques passages :

« Mon fils, lui dit-il, je vous prie de ne pas trouver étrange, si je vous écris non en courtisan, mais librement, et poussé du même esprit que saint Paul, lorsqu'il écrivait aux Romains, Corinthiens et autres.

» Je vous parlerai en père, car vous êtes mon enfant, mais mon enfant perdu, et je vous cherche et désire que vous reveniez en ma maison, où je vous embrasserai et vous apprêterai un banquet solennel, non pas d'un veau gras, mais d'un agneau miraculeux, d'un pain céleste.

» Je vous parlerai en pasteur, car vous êtes ma brebis, mais ma brebis égarée, et je vous cherche par les montagnes de Greolières, pour vous réduire en mon parc. De cent brebis que j'avais j'en laisse quatre-vingt-dix-neuf dans ce désert pour courir après une qui s'est perdue, et le bon peuple de Vence a la même colère contre moi qu'avait le frère aîné de l'enfant prodigue..... Venez donc, mon enfant, écoutez-moi. »

Quel langage touchant! il lui rappelle les

terribles vérités de la religion pour le ramener à l'Eglise.

« Songez donc à votre conscience, et que toute cette vie n'est qu'une fable, excepté sauver son âme, et on ne peut la sauver que dans l'Eglise catholique, et je dois répondre de la vôtre.

» Il n'y a qu'une vraie Eglise, toutes les autres sont les synagogues du diable, Dieu n'a qu'une épouse chaste et toutes les autres sont des paillardes. »

Il lui expose la suite des saints pontifes qui remonte jusqu'à J.-C.

« Entrez donc dans cette Eglise, mon fils, puisque c'est la vraie et ne la persécutez pas..... N'ayez pas le cœur de Pharaon..... Qu'avez-vous gagné, mon enfant, de venir assiéger et battre notre ville de Vence. Vous vouliez donner droit au clocher du premier coup de canon.

» Recognoissons qu'il n'y a que Dieu qui bataille visiblement pour nous. Un pauvre peuple dénué de tout secours avoir soutenu le siége contre une grosse armée où étaient les principaux chefs hérétiques de cette province, avoir enduré le canon dans une ville non tenable au canon, et tout cela à la persuasion d'un simple prêtre.

» Ne m'accorderez-vous pas que c'est à la voix de Dieu que les balles ont rebroussé chemin et massacré vos gens, et vous ont forcé de déloger honteusement. Ma mitre de laquelle vous êtes gaussé tant de fois a été plus forte qu'une armée ; ma crosse que vos larmes, mes bienheureux saints prédécesseurs Véran et Lambert, desquels vous vous riiez disant qu'on met leurs reliquaires d'argent sur les murailles avec une arquebuse au côté, ont été plus forts que vos canons.

» Notre Béthulie est maintenant délivrée. »

Il finit en essayant de le toucher. Il lui parle avec douleur de la mort de son père :

« Quel crève-cœur de ne pouvoir plus vous voir. »

Cette lettre est comme un monument d'un autre temps, elle me donne une haute idée du pieux pontife qui l'a dictée.

L'épiscopat de Guillaume devait être traversé par mille dangers. Ses ennemis acharnés à sa perte formèrent même le complot de l'assassiner. Tout fut heureusement découvert le 29 septembre 1586.

Guillaume le Blanc mourut le 29 novembre 1601. L'évêque de Riez prononça son oraison funèbre.

On a de Guillaume des vers qu'il adressa à la louange de Henri IV.

Le pieux Pierre du Vair, son père, lui succéda.

Quand on lui proposait des siéges plus

importants : « J'ai épousé une femme pauvre, disait-il, je ne la quitterai pas pour en
épouser une plus riche. »

C'est sous son épiscopat qu'eut lieu la
magnifique cérémonie de la translation des
reliques de saint Lambert à Baudin.

MONSEIGNEUR GODEAU.

Antoine Godeau, fils d'Antoine, lieutenant particulier des eaux et forêts du comte de Dreux, et de Marie Treuzé, naquit à Dreux le 24 septembre 1605. Dès ses premières années, il cultivait la poésie, et jeune abbé il vint à Paris où il se fit admirer.

Il se montra l'un des admirateurs les plus ardents de mademoiselle de Scudéry, et composa des vers à l'occasion de la fameuse carte du Tendre. Il appartenait de droit à la société de Rambouillet, où il était particulièrement distingué et chéri. On l'y nommait le mage de Sidon, et dans les moments d'épanchements et de familiarité de cette société précieuse et guindée, dit M. de Fellets, Godeau qui était extrêmement petit, était aussi appelé le nain de Julie, ce qui est un peu moins héroïque.

Les vers de Godeau sur la carte de Tendre expriment sans doute une très-vive admiration; car ils ont même une teinte de galanterie.

Tel était à cette époque l'usage impérieux. Ni la sainteté du caractère, ni la piété sincère ne dispensaient de ce langage frivole et galant dans ce temps qui n'était pas encore le siècle de Louis XIV, mais qui se ressentait beaucoup du langage et du ton qui avaient plu au cardinal Richelieu.

Tout recherchait mademoiselle de Scudéry, la cour, Pascal lui-même, le P. Bouhours, Pellisson, Sarrazin, Ménage, Godeau et son intime le célèbre Conrart, mais Godeau l'emportait sur tous.

C'est à lui que mademoiselle Scudéry, la dixième muse, envoie ses vers improvisés à

Vincennes en faveur du prince de Condé.

Cette lettre et les autres qu'elle lui adresse dans la chaleur de la Fronde, sont pleines de détails curieux sur les personnages de ce temps.

M. de Monmerqué les a récemment publiées.

Mademoiselle de Scudéry ne joignait pas à ces dons de l'art les avantages de la beauté; elle était très-laide, grande, maigre et noire avec un visage très-allongé; madame Cornuel, faisant allusion à ce teint noir, disait que la Providence se montrait dans les dons qu'elle faisait à mademoiselle de Scudéry, qui en abusait en barbouillant tant de papier.

Godeau lui-même n'était pas plus beau, il était fort petit, maigre, et comme nous l'avons vu, on l'appelait le nain de Julie.

Quelle gloire pour lui d'avoir contribué à

la fondation de l'Académie française. Il se réunissait chez son ami Conrart avec d'autres savants. Richelieu, informé de cette réunion littéraire, leur proposa de l'ériger en académie, et en 1633 le décret était rendu signé par Louis XIII.

Bientôt l'abbé Godeau comprit que sa vie était trop peu digne de Dieu et du saint ministère. Il ne compromit jamais, il est vrai, son sacerdoce, et toute cette afféterie littéraire n'était que pour la forme. Il s'occupa dès lors d'ouvrages de piété et de religion, et se mit à traduire les psaumes en vers pour Conrart.

Présenté dans ces circonstances à Richelieu, il lui lut une paraphrase du psaume *Benedicite*. Le ministre-cardinal en fut si charmé qu'il lui dit fort gracieusement :

« Puisque vous me donnez bénédicité, je vous donne Grasse. »

Cette longue pièce de vers ne valait pas sans doute un évêché. On n'y trouve partout que fleurs d'or sur le ciel étalées, que miracles roulants et de vivants écueils. On n'y reconnaît qu'une sorte d'harmonie de style, inconnue de son temps. — Pourtant parmi ce *Phébus* nous exceptons cette strophe qui est moins mauvaise :

> Qu'on te bénisse dans les cieux
> Où ta gloire éblouit les yeux,
> Où tes beautés n'ont point de voiles,
> Où l'on voit ce que nous croyons,
> Où tu marches sur les étoiles,
> Et d'où jusqu'aux enfers tu lances tes rayons.

Malheureusement Godeau, dans ses poésies qui ne sont plus lues, noie ses idées dans une mer de vers vides et boursouflés. Rien qui remue, ni qui réchauffe, parce qu'il est toujours à jeun, comme Hypéride dont parle Longin.

Il fait le vers trop facilement ; de son vivant, il était déjà mort, puisqu'on ne le lisait plus.

Dans une ode à Louis XIII on cite encore ces vers :

> Mais leur gloire tombe par terre,
> Et comme elle a l'éclat du verre
> Elle en a la fragilité.

Corneille venu ensuite a imité dans Polyeucte cette belle image, ou plutôt l'un et l'autre ont imité la Bible.

Le style de Godeau est diffus et pompeux dans sa prose, son histoire de l'Eglise a pourtant une noble simplicité.

Godeau fut donc promu d'abord au siége de Grasse en 1636. C'est lui qui appela cette ville la gueuse parfumée.

Dès cette époque, sa piété et sa vertu

éclatèrent dans son diocèse. Il renonça au profane pour ne plus s'occuper que de travaux ecclésiastiques.

Le pieux Pierre du Vair venait de mourir à Vence, et son neveu, qui avait été élu son coadjuteur, l'avait suivi dans la tombe avant d'être sacré (1638).

Innocent X réunit le siége de Vence à celui de Grasse, en faveur de monseigneur Godeau. Les Vençois réclament la résidence de l'évêque en leur ville. « Le procès fut si embarrassé, dit l'illustre prélat, que je dus quitter Grasse, quoique cette ville soit plus riche, plus grande et plus peuplée. »

Godeau eut encore une lutte à soutenir avec le seigneur, quoiqu'ils fussent en très-bons termes. C'était en 1670 ; le seigneur de Vence, un des oncles du seigneur, repoussa avec violence dans une procession solennelle un des laquais qui marchaient près de

l'évêque. L'affaire fut jugée à Aix, et monseigneur Godeau gagna.

On a de l'illustre évêque, outre un gros
volume de poésies, une *Histoire sainte*, une
Histoire de l'Eglise, un bon *Traité de
morale chrétienne*, une *Vie des Saints*, des
Homélies, les *Paraphrases de saint Paul*,
la *Vie de saint Charles Borromée*, de *saint
Augustin*, les *Eloges des savants évêques*,
l'*Eloge de don Barthélemy des Martyrs*. Il
donna ses suffrages au *Gallia christiana*,
gouverna le diocèse d'Aix pendant l'intérim
du cardinal Grimaldi, harangua le roi à Aix,
et y prêcha devant la cour à l'église de l'O-
ratoire (1660). Il fut l'évêque le plus distingué et le plus honoré du Midi en son
temps.

Son testament, que nous avons entre les
mains, est empreint des plus tendres senti-
ments de piété et de foi.

En voici un extrait :

« Au nom du Père, du Fils et du St-Esprit.

» Mon âge assez déjà avancé et mes incommodités m'avertissent de songer sérieusement de me préparer à la mort, et à ce moment terrible duquel dépend l'éternité, afin que quand le Seigneur viendra il me trouve veillant, et comme une partie de cette prévoyance consiste en la déposition de ses dernières volontés ; maintenant que, par la grâce de Dieu, je me trouve sain d'esprit et d'entendement, j'ai voulu faire et écrire mon testament en la forme qui s'ensuit. »

» Il rend grâce à Dieu de ce qu'il l'a fait naître dans l'Eglise catholique, et demande la grâce d'y mourir ; il rétracte ce qui pourrait s'être glissé dans ses ouvrages de contraire à la foi. Il fait amende honorable de ses fautes et demande pardon à ses ouailles.

7

Il ne veut pas de pompes à ses funérailles.
On l'enterrera où il mourra, et si c'est à
Vence, il doit être placé dans le tombeau de
ses prédécesseurs.

» Il demande des messes à ses prêtres
pour le lendemain de son décès, et laisse
50 livres aux pauvres, afin qu'ils récitent
pour lui le *De profundis*.

» Il laisse 50 livres aux confréries du
Rosaire, de saint Lambert et de saint Eu-
sani, 30 livres pour chaque chapelle des
pénitents.

» Il laisse à la cathédrale sa croix, sa
crosse, ses chandeliers..... même legs à
Grasse.—A M. de Sanson de Marseille, il
laisse sa croix pastorale; à son grand vicaire,
M. Arnoul, des ornements. Il fait divers dons
à Seignorat, son médecin; à Décormès, son
aumônier; à Jean Charles, son maître d'hô-
tel; il donne à Scipion Maurel sa vaisselle.

» Il n'oublie pas Arnauld, son jardinier ; Delisle, son coussinier ; de Guigues, son greffier.

» Il laisse 4,000 livres aux PP. de la doctrine pour bâtir le grand séminaire.

» La confrérie de la Miséricorde, établie à Vence, est son héritière universelle pour tous les autres biens dont il n'a pas disposé dans son testament.

» Son grand vicaire est son exécuteur testamentaire.

» Le legs le plus touchant est celui qu'il fait à Conrart, son ami et son cousin :

» Je lègue à Conrart, mon ami et mon cousin, le tableau de la Vierge à cadre doré qui est dans mon cabinet et mes papiers pour les Fastes de l'Eglise. »

Il mourut d'apoplexie le jour de Pàques, 21 avril 1622, à l'âge de 67 ans. Monseigneur Godeau laissa dans le grand séminaire

un souvenir de sa charité, comme Monseigneur de Surian léguera plus tard l'hôpital.
Mais le premier monument avec ses revenus
est allé à néant... Vence devrait bien penser
à mettre en honneur l'une des gloires de la
littérature et de l'épiscopat.

Le fauteuil académique de monseigneur
Godeau a été occupé par Fléchier, Nesmond,
Ancelot, le maréchal de Belle-Isle, Tru-
blet, Saint-Lambert, Maret, Laîné, Dupaty.

MONSEIGNEUR DE SURIAN,

ACADÉMICIEN.

J.-B. Surian, né à Saint-Chamas en Provence, le 20 septembre 1670, s'éleva par son seul mérite, comme avait fait Jacques Amyot, jusqu'aux plus hautes dignités de l'Eglise. Ses talents furent ses titres de noblesse.

Après avoir fait ses études aux Martigues, il se fit oratorien. Il joignait au talent de la parole et d'une éloquence mâle et rapide, une figure noble, un bel organe. Il prêcha le carême devant la cour avec distinction. La chaire de Notre-Dame l'entendit plus d'une fois et il attirait autour de lui un nombreux auditoire.

Un prêtre de ses amis lui demanda un jour un sermon. Surian lui prête celui qu'il venait de composer. Notre prédicateur, paré des plumes du paon, apprend, prêche et ne produit aucun effet. Surian l'avait écouté caché derrière un pilier. Quand il rencontra son ami : Le sermon, dit-il, n'a point été goûté. Venez l'entendre dimanche prochain à Notre-Dame. En effet, celui que d'Alembert a nommé le nouveau Massillon débita si bien son sermon qu'il enleva tous les suffrages, et prouva une fois de plus que Démosthène avait raison de regarder l'action comme la partie la plus indispensable de l'art oratoire.

Il se distingua par son goût pour la littérature, et il fut nommé évêque de Vence en 1727, où il donna l'exemple de toutes les plus belles vertus.

L'Académie française voulut posséder M. Surian dans son sein. En 1733, il fut nommé au fauteuil laissé vacant par M. de

Coaslin, évêque de Metz. D'Alembert lui succédera et fera son éloge.

A la mort de Victor-Amédée, roi de Sardaigne, Mgr Surian fut choisi par le roi pour prêcher l'oraison funèbre de ce prince. Il s'en acquitta si bien qu'il mérita le suffrage de la cour de Versailles et de celle de Turin.

Le zèle et le désintéressement de Surian ne furent jamais plus admirables que lors de l'irruption des Autrichiens en Provence en 1747.

Le territoire de Vence, voisin des États sardes, fut le premier exposé aux ravages de la guerre. Les ennemis paraissent, les habitants s'alarment et veulent abandonner leurs foyers. Surian les rassure, se met à leur tête, attend les généraux ennemis aux portes de la ville et leur parle en ces termes :

« Vous ne venez point faire la guerre au citoyen, mais au soldat. Le Dieu des armées

et le sort des batailles décideront qui du roi
mon maître ou des vôtres doit être le
vainqueur : mais l'humanité, la générosité
des princes que vous servez ne vous per-
mettent pas de maltraiter des citoyens dé-
sarmés.

Toute l'armée est saisie d'étonnement et
de respect pour ce vieillard vénérable.

Surian conduit les généraux et les principaux officiers de l'armée dans son palais
où il achève de les subjuguer par ses procé-
dés et par ses manières, et Vence est sauvé.

Un aide de camp lui demanda indiscrète-
ment ce qu'il croyait qu'il faudrait de temps
à l'armée autrichienne pour aller jusqu'à
Lyon.

« Je sais bien, répondit le prélat français,
le temps qu'il me faut pour me rendre à
Lyon, mais je ne saurais estimer celui qu'il
faudrait à une armée qui aurait à combattre

les troupes du roi mon maître. » Belle et noble réponse !

Quelques années après, le saint évêque tomba malade ; grande désolation dans le diocèse ! on ordonne des prières publiques, et le 3 août il expirait après avoir reçu saintement les derniers sacrements en présence de tout le clergé et des magistrats. Son corps fut exposé dans la salle basse de l'évêché jusqu'au 7 août mardi ; les confréries des Pénitents, celles de Sainte-Anne et du Rosaire, vinrent tour à tour y dire l'office, et le 7 à 10 heures du matin, les confréries, les consuls de Besaudun et du Broc avec leurs juges, les magistrats, officiers de justice, procureurs juridictionnels, greffiers, practiciens postulants, le chapitre, les prieurs et le clergé rendirent les derniers devoirs à celui que l'on peut appeler le père des pauvres.

Il mourut dans sa quatre-vingt-quatrième année, laissant les pauvres de Vence ses héritiers universels.

Il était aussi abbé de Saint-Vincent du Luc. Aujourd'hui la ville jouit encore de ses bienfaits, et les plus beaux monuments qu'il ait élevés à sa mémoire, c'est l'hôpital et son admirable testament :

« Mon intention est qu'après avoir employé les fonds et revenus pour subvenir aux besoins des pauvres et des malades, le surplus soit employé à marier de pauvres filles, à rebâtir des maisons ruinées, et à payer la pension de pauvres ecclésiastiques dans des séminaires, pour donner de bons sujets à l'Eglise. »

Le testament de Mgr Surian, c'est l'Evangile mis en action. Il a pu se présenter avec ce cortége de bonnes œuvres devant le tribunal de son Dieu.

Les corps de NN. SS. Godeau et Surian reposent dans le chœur de la cathédrale.

(Extrait de la notice de M. Théodore Guérin, avocat au parlement d'Aix.)

Il serait à désirer que les sermons de Surian, dont on conserve encore les manuscrits à Vence, fussent produits au jour. Il n'y a que son Petit-Carême qui ait été édité.

Mgr de Surian eut pour successeur Jacques de Grasse, grand-vicaire de l'évêque de Beauvais.

MONSEIGNEUR PISANI DE LA GAUDE.

Le dernier évêque de Vence, dont les anciens se rappellent encore la douceur et la piété, se nommait Pisani de la Gaude, seigneur de la Gaude et de Saint-Jeannet.

Ce prélat, avant d'être évêque, était conseiller au parlement d'Aix ; il avait été fiancé à la belle et spirituelle d'Entre-Casteaux, lorsque la mort vint soudainement frapper l'objet de ses vœux. C'est pour lui un coup du ciel... Pisani se jette dans les bras de Dieu, se fait ordonner et devient évêque de Vence. Il succédait à Mgr de Lorris.

Il avait obtenu du roi un secours de vingt mille francs pour la cathédrale en 1783 et fait poser une quatrième cloche appelée Louise-Adélaïde, lorsque éclata la grande

révolution; il fut forcé d'abandonner l'évé-
ché à un intrus et de se réfugier dans une
maison particulière. La terreur arriva,
Mgr de la Gaude reçut l'ordre de quitter
son siége. Feller a inséré dans ses Extraits
de morale chrétienne et littéraire la coura-
geuse réponse du pontife au directoire du
Var. Nous en citons un extrait :

« L'évêque de Vence s'attend à tout,
même à la mort, s'il le faut, pour défendre
les droits de son siége et sa juridiction,
qu'aucune puissance temporelle n'a le droit
de lui enlever. On lui a signifié de quitter
sa maison épiscopale pour le 1er janvier.

» Lorsque la nation s'est emparée de
toutes nos propriétés ecclésiastiques fondées
sur les titres les plus solides, maintenues
par une possession de plusieurs siècles, pla-
cées sous la sauve-garde des lois anciennes
de l'Eglise et de l'Etat, garanties par les

plus rigoureuses censures, personne de nous ne s'y est opposé. Si notre conscience ne nous permettait pas de les livrer, nous ne les avons pas du moins refusées, et peut-être notre silence nous sera un jour reproché devant Dieu. Mais aujourd'hui vous m'enjoignez de renoncer au gouvernement spirituel de mon diocèse et de n'y exercer plus aucune juridiction spirituelle. Si je tenais cette juridiction des hommes, je la céderais en preuve de ma fidélité à la nation, à la loi, au roi ; mais je la tiens toute de Jésus-Christ et de son vicaire sur la terre... Mes pères dans l'épiscopat l'avaient reçue d'eux avant que l'empire eût adopté la religion chrétienne, et je dois toujours l'exercer, cette juridiction, dût la religion catholique être proscrite de l'empire. »

Il ajoute qu'il a une obligation étroite à ne pas abandonner son Eglise, qu'un évêque

étranger ne pourrait la gouverner légitime-
ment.

« Jugez vous-même, ajoute-t-il, si je dois
plutôt obéir à Dieu qu'aux hommes... L'au-
torité temporelle peut contraindre; mais un
évêque doit souffrir. Ma volonté est de ne
pas abandonner mon troupeau ; mon devoir
est de ne pas résister à la force. Si elle m'é-
loigne de mes ouailles, mon corps sera ab-
sent, mais mon esprit et mon cœur habite-
ront toujours au milieu d'elles. »

C'est le même prélat qui, traduit devant le
comité révolutionnaire de Grasse, s'entendit
traiter d'aristocrate pour se laisser appeler
monseigneur par ses domestiques. —
« Pourquoi, lui dit le président, pourquoi,
citoyen évêque, souffres-tu contre les lois
de te laisser appeler monseigneur? N'as-tu
pas connaissance du décret? » — « Pardon,
répondit le pontife avec douceur, j'en ai in-

formé les personnes attachées à mon service, et j'ai même fait venir Pierre, mon
domestique, en lui disant : Pierre, entends-
bien. — Oui, monseigneur, me répondit-il.
— Désormais, tu ne m'appelleras plus monseigneur. — Non, monseigneur. — Ni monsieur. — Non, monseigneur. — La loi le
défend.—Oui, monseigneur.—Tu me diras
citoyen évêque. — Oui, monseigneur. » Le
comité se prit à rire et laissa aller le saint
prélat.

Mgr Pisani ne quitta son siége de Vence
qu'à la dernière extrémité. Il dut fuir enfin,
les larmes aux yeux, et en jetant une dernière bénédiction sur son cher diocèse.

Napoléon, à l'époque du concordat, le
nomma évêque de Namur. C'est là qu'il
mourut, aimé et chéri de son nouveau troupeau. — Mais il aima toujours son église de
Vence et lui fît divers legs à sa mort.

Vence, chaque année, tend l'église en noir et prie pour des noms qui lui sont toujours chers, Mgr Surian et Mgr de la Gaude, et auprès de ces deux jours de tristesse, il y a comme contraste deux jours de solennité, où le joyeux carillon appelle les fidèles à l'église, ce sont les fêtes de saint Véran et de saint Lambert. C'est ainsi qu'ici-bas tout s'entremêle, le doux et l'amer : *Miscentur tristia dulci*. Ah ! puissent tous ces saints pontifes de Vence jouir de la gloire de saint Lambert et de saint Véran ! — Ils ont tous laissé dans ce pays une tradition non interrompue de pieux exemples et de sages conseils.

Esprits de tous ces saints prélats, de ces chanoines, de ces prêtres vertueux qui vous êtes succédés dans le chœur de cette antique cathédrale, priez pour nous du haut des cieux ; faites fleurir nos campagnes à l'om-

bre des oliviers et des figuiers ; écartez toujours de nous les fléaux et les contagions ;
que la terre nous produise en abondance le
fruit de l'olive, la grappe vermeille et le
plus pur froment, et attirez près de vous,
dans les cieux, tous les enfants qui vous
furent autrefois confiés.

LES VILLENEUVE DE VENCE.

Louis VII régnait en France, et Raymond Bérenger V était comte de Provence.

Un pèlerin d'illustre famille revient de la terre sainte, se présente au château de Raymond, et, le bâton de pèlerin à la main, la besace sur le dos, demande de s'asseoir au foyer de l'hospitalité.

On ne connaissait, dit la légende, ni le lieu de sa naissance, ni sa famille; il paraissait pourtant de noble maison et habitué aux affaires.

Il savait les grandes dépenses de Bérenger et le mauvais état de ses finances.

« Monseigneur, lui dit-il, je vois que vos

affaires sont mal gouvernées ; prenez-moi à votre service et je rétablirai vos finances. »

Le comte, frappé de cette proposition et de la fermeté pleine de franchise du personnage, l'interroge en particulier, s'en fait un ami et un conseiller, et Romée de Villeneuve devient sénéchal du comte de Provence.

Il tint parole.

La sagesse de son administration le fit chérir de son prince. Il fit contracter au comte d'illustres alliances.

1229, Nice avait refusé de reconnaître le comte de Provence et voulait s'ériger en république.

Avec le secours de Gênes, cette ville résista quelque temps et enfin succomba.

Bérenger voulant se montrer reconnaissant envers son ministre, lui donna Vence et quelques terres situées à Nice, à Grasse et à Seillans. Et le 7 février 1230, Romée prêtait foi et hommage à Nice pour la baronnie de Vence.

Tant de gloire eut des envieux. Romée fut accusé perfidement auprès de son maître.

Bérenger crut un instant les traîtres et fit venir son dévoué ministre.

Pour toute réponse, Romée lui montre l'état de ses finances.

Le comte de Provence confondu en vient aux prières.

Mais Romée : « Monseigneur, lui dit-il, vous avez douté de ma fidélité. Permettez-moi de me démettre de ma charge. Pauvre je suis venu, pauvre je m'en retourne ! »

Et il reprit son habit de pèlerin.

« On ne sait où il alla et ce qu'il devint, dit toujours le chroniqueur.

Cette légende est assez curieuse. Voici maintenant l'histoire :

Romée ne put résister aux sollicitations de Bérenger. Il resta à sa cour.

C'est alors qu'il eut la gloire de ménager entre Marguerite, fille aînée du comte, et saint Louis, le mariage qui amènera la réunion de la Provence à la couronne de France.

Cet hymen fut solennellement contracté en 1234.

Après la mort de son prince, Romée fut tuteur de la comtesse Béatrix et gouverna la Provence. Il convoqua le 13 septembre 1245 les états à Aix avec Albert de Tarascon. Là, tous les seigneurs prêtèrent foi et hommage à la comtesse.

Par son entremise, Béatrix épousa en 1245 Charles d'Anjou au milieu des plus belles réjouissances.

Romée de Villeneuve surnommé le Grand, seigneur et baron de Vence, connétable et ministre d'Etat de Raymond, surintendant des finances, son grand sénéchal, était petit-fils de Raymond de Villeneuve, chef de la maison des Arcs et de Trans. Sa mère se nommait Astruge.

En 1250 il tomba malade à Trans, chez son neveu André de Villeneuve.

Il fit là son testament, que l'on possédait à l'évêché de Vence avant 93.

Cette pièce curieuse est un beau témoignage de la piété, de la conscience et des hautes vertus de Romée.

Il fit quelques legs pieux au Thoronet, aux églises de Vence et de Fréjus, et aux couvents de Nice.

Il mourut à Trans en 1250, et fut enterré à Nice dans le couvent des frères Prêcheurs.

Il était seigneur de Vence, de la Gaude, de Trigans, de Saint-Jeannet, de Villeneuve, de Cagnes, de Thorencs, de Gréolières, de

Coursegoules, de Cipières et de Mauvas.

De ses deux fils, Paul et Pierre, celui-ci devint seigneur de Vence, et alla à la septième croisade avec saint Louis, en 1270. Il épousa Alasie d'Aigno.

De ses trois fils, Bertrand, Truand et Paul, Truand fut baron de Vence.

Romée de Villeneuve son fils lui succède.

Son oncle Paul, son héritier, entre dans l'Eglise après avoir été marié et devient seigneur de Vence.

Son fils Guichard, pour s'être distingué contre Charles Duras, compétiteur de Marie d'Anjou, et avoir vaillamment défendu Tourrettes, reçut ce pays avec son territoire comme prix de son courage.

De là l'origine des seigneurs de Tourrettes, Saint-Jeannet, Carras et Châteauneuf.

Nous lisons parmi les seigneurs de Vence : 1349. Girard de Villeneuve.

François de Villeneuve.

Hugues de Villeneuve.

1487. Giraud. Il est aux états généraux d'Aix.

Raymond lui succède.

1541. Antoine de Villeneuve de Vence.

1571. Claude Ier obtient de l'évêque de Vence, Grimaldi, contre le vœu des habitants, la juridiction cédée par le chapitre à son évêque en 1315. Scipion son fils, sous Guillaume le Blanc, combat contre la ligue à Grasse et vient attaquer son évêque à Vence; il plaide avec lui au sujet de la juridiction cédée par le chapitre au seigneur.

1660. Claude II de Villeneuve est seigneur et baron de Vence. — Il était très-lié avec Mgr de Godeau. L'illustre évêque est parrain d'une des filles du seigneur et lui donne le nom d'Antonine.

1668. Gaspard-Alexandre de Villeneuve

marquis de Vence. — Son fils François-Sextius est page à la cour de Louis XIV, en 1687. Il succède à son père comme seigneur de Vence (1692).

Les seigneurs de Vence brillèrent plus d'une fois aux états généraux de Provence, et même à la cour.

Ils résidaient souvent à Aix. On y voit encore plusieurs hôtels qui leur appartenaient.

Les seigneurs de Vence, qui formaient la petite cour de nos contrées, se faisaient gloire, comme nos rois, d'être les parrains des enfants du peuple ou des bourgeois.

C'est ainsi que François Sextius de Villeneuve de Vence, 18 septembre 1691, est parrain d'un enfant de M. Savournin, marchand.

Cette famille des Savournin était très-considérable à Vence; Savournin Michel était juge; Honoré et Joseph, lieutenants du juge ; Antoine Savournin , apothicaire, et Claude, marchand.

Parmi toutes les familles de Vence, les plus anciennes, nous lisons : les Taladoire , les de Cormis, et les de Guigne, notaires ; les Maliver, les Audibert, les Guérin, les Alzias ou Auzias, les Maurel, les de Gazagnaira, les Sache, les Wacquier, les Trastour, les Blacas, les Cayron, qui sont très-nombreux ; les Faraud ou Féraud, les Railhane, les Brog, les Issert, Boyon, Rostaing, Jolyam, Isnard, Galian, Mars, Nicolas, Calvy, Albanelli ou Aubanel, Augier. Les noms de femme prennent une terminaison particulière : Reilhane, Reilhanesse, Faraude, Moutonne, Rostanne, etc.

Vers 1700, le fils de François Sextius, Balthazar de Villeneuve de Vence, épousait Jeanne Millot de Serran, riche de 500,000 fr. de dot.

En 1720, Gaspard-Alexandre de Villeneuve était seigneur et marquis de Vence. C'est lui qui se maria avec la petite-fille de madame de Sévigné, Madeleine-Sophie de Simiane.

Jean de Villeneuve est baron de Vence et a pour successeur le dernier des Villeneuve Loup-Ours Hilion.

L'un des Villeneuve de Vence, oncle du dernier seigneur, était amateur de livres et de gravures. Il avait les plus belles éditions, et comme il était grand priseur, s'il lui arrivait qu'un volume fût sali, il rachetait l'ouvrage tout entier à quelque prix que ce fût.

Un autre seigneur de Vence était regardé comme le meilleur écuyer du Midi.

Don Carlos passait à Aix durant la tenue des Etats; il avait un superbe cheval qu'il faisait caracoler sur le Cours. Comme il ne pouvait s'en rendre maître, de Vence le monte et dompte ce nouveau Bucéphale, aux grands applaudissements de la foule. Le prince espagnol, tout émerveillé, offre le coursier au seigneur qui le refuse courtoisement.

Monsieur de Monmerqué, dans ses savantes recherches sur les lettres de madame de Sévigné, nous donne lui-même les renseignements sur l'alliance des Villeneuve de Vence avec les Sévigné.

Il les a obtenus de Monsieur de Saint-Vincent, président de la Cour d'Aix, 13 décembre 1816.

Madame de Simiane, petite-fille de madame de Sévigné, n'a eu que trois filles, dont une seule, qui est madame de Vence, a laissé une postérité qui existe encore, savoir : les enfants de son fils, dont un est pair de France, et les enfants de ses trois filles; madame de Villeneuve Flayosc, madame de

Saint-Vincent, sa mère, et madame de Châteauneuf, mariée à Nice.

Madame de Simiane était la fille de madame de Grignan, et madame de Grignan, la fille si célèbre de madame de Sévigné.

Depuis longtemps déjà, madame de Sévigné connaissait la famille de Vence, et cette union fut l'effet des vieilles relations entre ces deux familles.

Mirabeau rendit par ses lettres Sophie de Vence, une des sœurs du dernier seigneur de Vence, célèbre à la manière des Pompadour.

Le grand orateur est venu souvent à Vence.

Le dernier seigneur de Vence, Loup-Ours Hélion, marquis de Vence, n'était pas aussi terrible que tous les noms qu'il portait.

C'est lui qui disait au président Guérin après l'émigration : « On a fait de grandes injustices de nous prendre nos biens, on ferait une très-grande sottise de nous les rendre. »

En consultant les registres de la commune, je vois les Villeneuve de Vence, alliés aux plus illustres famille de France.

Je lis les La Rochefoucauld, les Mortemart, les d'Harcourt, les Brancas, les Simiane.

Enfin, lorsque la pairie est reconstituée, le fils de Loup-Ours marquis de Vence est appelé à siéger à la Chambre, comme le dernier et le plus ancien rejeton de l'illustre famille des Villeneuve.

Il avait été, sous Napoléon, colonel, officier d'ordonnance, et sous Louis XVIII il fit la campagne d'Espagne avec le titre de général de division.

Aujourd'hui le nom s'est éteint comme toutes les gloires humaines. Leur sang est allé se mêler à celui des de Luçay et des Laage.

Le vieux château près de l'église et le nouveau au bout du Cours subsistent encore, avec cette tour qui a soutenu quelques siéges, comme pour témoigner de la vanité des choses du temps.

Ces salles, autrefois si somptueusement décorées, sont maintenant à d'autres maitres qui ne peuvent les entretenir.

Tableaux, tapisseries, riches meubles, ont été jetés au vent et couvrent de leurs lambeaux les différentes habitations de la commune.

Où est ce grand jardin des seigneurs dont on disait :

Casteou dé Cagno,
Tourré de Villonovo,
Et gran jardin de Vênço,
Soun chacun bello caouso
Que l'on vés en Provenço.

La rapacité a arraché les beaux marronniers qui le couvraient.

Aujourd'hui l'ancien pavillon qui était au bout du grand jardin est une ruine.

LE DUEL.

Les Grimaldi de Cagnes n'étaient pas amis des Villeneuve de Vence, et cette inimitié remonte à un fait dont je ne puis pas préciser l'époque.

Un Grimaldi eut une discussion avec un de Vence.

C'était aux états généraux d'Aix.

On prend des arbitres, et on se bat en duel.

O malheureux point d'honneur !

Vence blesse son ennemi qui tombe à terre et lui tend la main, pour déclarer la paix faite et l'homme satisfait.

Grimaldi furieux se redresse, et, dans sa fureur, porte un coup mortel à Vence, qui tombe raide mort.

De là il n'y eut plus entre Vence et Cagnes aucune réconciliation possible.

Les Cagnois en ont gardé quelque chose; et aujourd'hui encore les habitants des deux pays fraternisent peu entre eux.

Ajoutez à cela la lutte fâcheuse qui éclata il y a une douzaine d'années.

Cagnes voulait avoir le canton et ravir à Vence, déjà si déchue, ses derniers titres.

Vence, ancien évêché et seigneurie, ne serait plus aujourd'hui qu'un gros village, s'il se fût moins bien défendu et s'il n'eût pas mis les rieurs de son côté.

Vence a donc gardé son petit canton et son doyenné.

Mais hélas! où sont ses évêques, son chapitre, ses seigneurs et toute sa petite cour.

Les savants et les nobles montaient souvent jusqu'à nous.

En 1778, Delille vint dans le midi.

Il allait en Italie. Monseigneur de Bardonenche fait les honneurs de son palais.

Notre poëte fut gai et libre ; sa femme n'était pas là pour corriger ses deux cents vers avant le café du matin.

Il se promène au grand jardin et compte sept collines :

« Vence, dit-il, est la ville aux sept collines. »

Les élèves du petit séminaire lui jouèrent dans la cour de l'évêché une petite pastorale qui lui fit beaucoup de plaisir.

Notre Virgile français, le poëte des mois et des saisons, dut trouver dans nos beaux paysages quelques nouveaux traits qu'il put ajouter à ses tableaux.

LE SEIGNEUR DU MALVAN

ET

LE SEIGNEUR DE VENCE.

La commune de Vence, si petite qu'elle fût, avait aussi ses droits et franchises.

Le maire ou consul avait, pendant sa gestion, le droit de porter l'épée, et était seigneur d'une partie du territoire de Vence appelée le Malvan.

Un pont séparait les deux communes.

Or, ce territoire du Malvan se composait de quelques bastides.

Maître André était maire et grand ami du chirurgien Aussel.

Un jour de grande procession de saint Véran et de saint Lambert, M. André, fier de son titre de seigneur, porta l'épée et marcha de pair avec les Villeneuve, derrière le dais.

M. de Vence est tout mécontent.

Le fils du marquis et l'un de ses frères en sont indignés, et une rixe est sur le point d'éclater entre les deux rivaux.

La sainteté de la cérémonie contient pourtant la colère.

L'affaire fut portée à Aix : et le seigneur du Malvan reçut l'ordre de céder le pas à Villeneuve de Vence, sur le territoire de Vence, et de ne plus porter l'épée au côté ; ce droit ne lui était acquis que sur le territoire du Malvan.

A quelque temps de là, le seigneur de Vence et l'évêque allaient, dit-on, pour une cérémonie à Notre-Dame de bon voyage, sur la route de Tourettes.

Maître André prépare une vengeance, et

après avoir donné ses ordres au valet de ville, il s'avance fièrement derrière le seigneur avec ses conseillers, faisant porter devant lui sa chère épée sur un coussin ; puis, arrivé au pont du Malvan, il se la fait donner, et s'en ceignant :

Monseigneur, dit-il, je suis ici sur mon territoire et je prends le pas sur vous, comme seigneur du Malvan.

Que fit le seigneur de Vence, en homme d'esprit comme il était ?

Il en rit, dit-on, et fit bien.

LE SEIGNEUR DE TOURETTES

ET

LE SEIGNEUR DU BAR.

Puisque nous racontons les petites légendes du temps passé, pourquoi ne nous étendrions-nous pas aussi sur les environs?

Savez-vous que le dernier seigneur de Tourettes était un homme terrible?

Il attendait des fenêtres de son château tous les voyageurs qui passaient sur ses terres et les rançonnait.

Il fit, dit-on, bastonner un pauvre manant qui ne lui avait pas donné le salut; et punissait d'une terrible peine quiconque avait chassé sur ses terres.

Le seigneur du Bar était plus jovial, bon viveur et doué d'un grand appétit.

Mais il avait une petite querelle à vider avec le baron de Châteauneuf.

Il complote donc avec ses fermiers, et, par une nuit bien sombre, il monte sur sa rossinante et avec huit ou neuf de ses hommes il se dirige vers le manoir de Châteauneuf.

Un traître avait tout découvert.

Le Bar est au pied des murs ; Châteauneuf fait entendre la détonation d'un pétard.

Le guerrier, emporté par sa cavale, rebrousse chemin avec sa troupe, qui fuit dans toutes les directions.

On parlera longtemps du seigneur du Bar et de sa cavale qui a eu peur.

❖

LA PLACE SAINT-MICHEL.

La belle place Saint-Michel est à l'est de la ville, dans un site admirable. Au milieu s'élèvent une chapelle dédiée à saint Pancrace et deux croix. L'une d'elles fut élevée à l'occasion d'une mission, au milieu d'un concours de plus de 6000 âmes, le 14 janvier 1843. Monseigneur Michel était venu lui-même assister à cette fête magnifique. Cris d'allégresse, retentissement des boîtes, nombreuses communions.

Quand l'ennemi venait attaquer la ville il se présentait toujours de ce côté, car l'ancienne route qui conduisait à la mer aboutissait à Saint-Michel. Là ont campé les troupes de Charles-Quint, celles des Huguenots. Là de Surian marcha au-devant des Autrichiens. A Saint-Michel Masséna commença sa carrière militaire en 1794, comme sous-lieutenant dans le bataillon du Var organisé à Vence.

Vence eut la gloire de commencer la fortune militaire du futur maréchal, duc de Rivoli et prince d'Essling.

Masséna (André), maréchal de France, duc de Rivoli, naquit à Nice en 1758.

Le lieu de sa naissance n'est plus à la France, mais Masséna était naturalisé Français.

Après le licenciement du Royal-Chasseurs, où il était sergent, Masséna vint à Antibes.

En 1794, le choix de monsieur Béranger de Vence le désigna à l'attention de la garde nationale lors de la formation d'un régiment de volontaires à Vence.

Renommé déjà comme brave soldat il fut nommé adjudant major, et lorsqu'on arriva à Antibes pour lui annoncer sa nomination, on le trouva, nouveau Cincinnatus, occupé à travailler lui-même à son petit champ.

At curvæ rigidam falcem conflantur in ensem.

Il laissa la serpe et accourut.

A la place Saint-Michel il faisait faire l'exercice au bataillon du Var, dont cinq des principaux officiers étaient Vençois.

Le nouvel adjudant savait alors à peine écrire. M. Guérin, dit-on, lui rédigeait ses rapports.

Qu'importe la plume? Charlemagne signait avec le pommeau de son épée : Masséna va écrire sa vie avec son glaive.

De Saint-Michel l'enfant chéri de la victoire prendra son essor près des aigles impériales.

On le verra à Zurich en 1799, à Rivoli en 1804, à Essling en 1809.

LE GRAND-JARDIN DE VENCE.

L'ancien jardin des seigneurs, qui forme aujourd'hui la grande place de Vence, a retenu son ancien nom. C'est là que venaient autrefois s'ébattre, sous de beaux marronniers, les descendants de Romée de Villeneuve. Aujourd'hui tout le peuple vençois, sous les platanes qui ont remplacé les marronniers, promène ses loisirs. Les anciens du pays parlent du vieux temps, des droits seigneuriaux, des biens ou des maux que nous a légués le siècle écoulé. Oseraient-ils se plaindre du passé? Ils ne se trouvent pour la plupart ni plus riches, ni plus puissants. Leur ville, simple chef-lieu de canton, a de moins des noms illustres, et des pontifes avec leur vénérable cortége. Hélas!

qu'avons-nous gagné à toutes nos révolutions ?

Le Grand-Jardin de Vence offre un tableau des plus animés, surtout aux jours de fêtes et de dimanches. Quand tout chôme, les hommes et les jeunes gens s'y réunissent en groupes ; les uns jouent à la boule, d'autres forment des cercles et conversent : un grand nombre se promènent : ce sont ordinairement les plus graves personnages, les notables du pays. Le grand chapeau à larges bords, noir ou blanc ; l'habit-veste de couleur noire, le col blanc, rabattu sur l'habit, tel est le costume des ouvriers et des laboureurs endimanchés. Médecin, magistrats, autorités, le chapeau excepté, sont à la mode parisienne. Vous ne voyez que des hommes, rarement quelques dames, se promener au Grand-Jardin, à moins qu'il n'y ait quelque jongleur ou quelque baladin.

Dernièrement un de ces charlatans qui promènent leurs guérisons miraculeuses de village en village, paradait sur des tréteaux au Grand-Jardin. Sa femme jouait du violon, ses enfants du tambour et lui du piston. Il commençait toujours ses opérations par une petite représentation en langue provençale. Il avait pour acteurs sa femme et ses enfants. Vous voyiez avec plaisir tous les visages des spectateurs s'épanouir de joie à chaque facétie du nouveau Thespis. Ne s'avisa-t-il pas de tirer une petite loterie? On devait gagner un volume de Racine, un plan de Saint-Cloud et un verre de cristal..... Le numéro gagnant le volume de Racine eut une espèce de couverture de livre dans laquelle il trouva des racines de pommes de terre..... Tout le monde d'éclater de rire. Le plan de Saint-Cloud fut une petite planche où cinq clous étaient rangés symétriquement; jugez de l'hilarité du public. Le meilleur lot fut gagné par maître Lagare, le charlatan.

Le lendemain on lança un ballon qui alla ventre à terre se jeter sur une bastide dans la vallée de la Cagne.

Quand il n'y a ni ballon ni comédie, on cause des nouvelles du jour, de la récolte des huiles. Je ne dis pas qu'on y médise ou qu'on s'y querelle. On n'y danse presque jamais.

LES RUES ET LES PLACES DE VENCE.

Les rues d'une cité ne sont pas la partie la moins intéressante ; elles rappellent des faits et nous font mieux connaître la ville.

Il y a quatre ou cinq places à Vence.

La place de l'Evêché, la cour de l'Evêché, la place de l'Eglise ou de la Poissonnerie, la place de la Commune, la place du Vieux-Cimetière, le Grand-Jardin, la place de la Fontaine-Haute, de la Fontaine-Basse ou du Peyra, places assez spacieuses, excepté le Grand-Jardin, pour laisser passer deux voitures de front.

Cette place du Peyra est la plus ancienne.

C'est celle où l'on vend et où l'on achète. C'est le forum de Vence.

On ne s'en douterait pas à la parcourir.

Chaque année les seigneurs de Vence

avaient le droit d'obliger tous les habitants
de venir danser sur cette place, la plus voi-
sine de leur habitation.

Les Vençois s'y étant refusés une année pour aller faire la farandole ailleurs,
grande alarme au palais.

L'affaire fut portée à la cour d'Aix, et l'on
rendit une ordonnance par laquelle il fut
enjoint aux habitants de Vence de se rendre
sur le Peyra, chaque année, le dernier jour
du carnaval, pour y faire la farandole.

Il y a quelques mois, un bien terrible ac-
cident eut lieu sur cette place.

Plus de mille personnes y étaient entassées.

Un funambule avait dressé ses cordes au
troisième étage et faisait la voltige.

Chacun admirait la souplesse de ses mou-
vements. Hélas ! l'infortuné que toute la
France avait vu, même l'Hippodrome, se re-

pose dans son adresse ordinaire, et en faisant l'exercice dit du trapèze, le voilà qui tombe de cinquante mètres de haut, la tête en bas.....

Un cri immense s'élève de la foule. On court... on ne relève qu'un cadavre!..

O mort déplorable!

Jusqu'à quand laissera-t-on les hommes risquer leur vie pour amuser leurs semblables!

Il y a quatre foires à Vence, qui se tiennent maintenant au Grand-Jardin : Sainte-Luce, 13 décembre; Saint-Valentin, en février; Saint-Lambert, en mai, et Saint-Véran, en septembre.

Ce sont les foires des quatre saisons.

Celles de Saint-Lambert et de Saint-Véran sont plutôt des fêtes religieuses où le peuple vient en grand nombre prier les Saints et assister à la procession.

La foire la plus considérable est celle de Sainte-Luce.

Vous avez beaucoup de rues à Vence qui se croisent, qui montent, qui descendent, qui aboutissent dans la campagne ou par des ouvertures creusées dans les remparts.

La principale rue est celle des Calades, du Cours ou du Faubourg, comme il vous plaira de l'appeler. Elle a toutes ces dénominations.

La seconde rue ou quartier neuf est la rue de Bual, au bout de laquelle est la jolie église des Pénitents-Blancs.

Vous avez la rue du Signadour ou du Signe-de-la-Croix.

C'est non loin de cette rue que maître Ravel, tambour de la farandole, s'avisa un jour d'essayer à son dos les ailes de Dédale.

Il annonce le projet qu'il a formé de s'élever dans les airs.

Il s'élance de son balcon et tombe plus vite qu'il n'a voulu s'élever.

Aussi, depuis ce temps, on demande dans le pays, à celui qui tombe ou qui court, s'il a les ailes de maître Ravel.

De ces extravagants il en est partout. Combien veulent souvent monter trop haut :

> Expertus vacuum Dædalus aera
> Pennis non homini datis.

Citerons-nous encore les rues des Arts, la rue des Huguenots, souvenir des protestants, la rue du Grand-Four, du Petit-Four, les rues de l'Evêché, de la Poissonnerie, du Pavillon, de la Requête, de la Cabraira, du Portail, de la Côte, la rue d'Enfer, dont le nom indique la noirceur et l'obscurité.

Vous avez les rues Saint-Pierre, Saint-Michel, Saint-Julien, etc...... Des arcades les traversent très-souvent.

J'aime pourtant les vieilles rues, j'aime les vieilles ruines, j'aime tout ce qui me parle de l'antiquité.

Cela vaut souvent mieux que les beaux édifices modernes, que ces murs blancs et plâtrés qui n'ont de bien que la forme.

Considérez ces remparts qui résistent depuis tant d'années à l'action du temps.

Quelle solidité ; quelle épaisseur !

Des croisées ont été percées dans ces vieilles murailles qui servent aujourd'hui de logement.

Ces remparts datent des Normands, des Sarrasins, ou de l'établissement des communes sous Louis le Gros.

La ville, autrefois, ne s'étendait pas au delà.

Ce n'est que depuis l'an 1400 qu'on bâtit les rues des Arcs, comme il conste d'après les pièces manuscrites de la commune, où il est ordonné de réparer les tours, les bastions et les murs, et de paver le bas des remparts.

Vence n'a pas tout démoli comme beaucoup de villes ; elle n'en aura peut-être jamais les ressources.

O vous ! qui voudrez encore étudier les antiques fortifications, lorsque tout sera détruit partout, vous pourrez au moins plus tard venir voir encore à Vence comment bâtissaient nos ancêtres.

LE SÉMINAIRE.

Le séminaire est ce vaste bâtiment qui a vue sur la place Saint-Michel et sur la vallée de la Lubiane.

L'exposition en est très-belle.

Mgr Godeau, d'illustre mémoire, l'a fondé, richement doté, enrichi d'une grande quantité de livres.

Comme il avait chargé des doctrinaires de la direction, cette maison s'appelle encore le couvent.

Mgr de la Gaude mit des prêtres séculiers à la place des doctrinaires.

La grande révolution a tout expulsé, théologiens, chanoines, seigneurs et évêques.

Le grand séminaire, acquis par M. l'avocat Rostan, est aujourd'hui transformé en grange ou en ferme.

Où était la chapelle, on voit la famille du fermier.....

Pauvre Vence! tous les anciens monuments parleront de tes gloires passées.

Le silence est partout, autour des châteaux, de l'évêché et de l'ancien séminaire.

Pourtant, en 1810, un saint prêtre vénéré dans la contrée est venu fonder à Vence un petit séminaire qui fut installé dans l'évêché.

La population, toute fière, vit son chœur se remplir de nouveau, ses solennités et son chant reprendre son ancien éclat.

M. Blacas n'était pas légalement autorisé. Il dut s'adjoindre un nommé M. Aubanel, type d'originalité et de bonté.

Il avait été à Marseille le maître de latin du célèbre docteur Cayol, et il fit à Vence de bons élèves.

Chacun raconte encore les tours d'écolier qu'on lui jouait.

Quand M. Blacas put reprendre la direction du séminaire, il donna aux études une nouvelle impulsion et fournit à tous les rangs de la société une foule de brillants sujets, qui se rappellent encore avec bonheur leur première éducation.

M. Blacas, curé, archiprêtre de Vence et supérieur du séminaire, dut céder aux désirs de l'évêque et aller à Fréjus comme grand-vicaire.

M. Chaiz, qui avait contribué à l'établissement du petit séminaire, remplaça M. Blacas dans la cure de Vence, et M. Giraud fut nommé supérieur du petit séminaire.

Hélas! un événement bien triste vint engloutir une œuvre si laborieusement fondée.

Une partie de bain de mer avait eu lieu à l'embouchure du Loup.

Un élève est emporté par la vague.

Le supérieur, qui ne savait pas nager, veut aller au secours et disparaît.

Un autre professeur vole au secours et est entraîné à son tour.

On appelle un pêcheur qui, dans sa haine pour les prêtres, refuse de les sauver et ne délivre de la mort que l'élève, cause innocente d'un double malheur.

Ce sinistre ferma la maison, et depuis, essais infructueux!

Le peuple de Vence avait pourtant soif d'instruction et d'éducation.

Après mille efforts la commune et les pères de famille se sont imposé de grands sacrifices, et aujourd'hui plus de 30 pensionnaires et de 50 externes prouvent que l'établissement est de nouveau fondé.

Le nouveau collége date du mois d'octobre 1851.

Les bâtiments de l'ancien évêché sont très-bien restaurés.

Amour et dévouement pour l'enfance ! Telle est notre devise, et, avec l'aide de Dieu, nous espérons que le succès ira toujours croissant.

Vence aujourd'hui ne manque plus d'instruction ; il a avec son collége une école communale, une excellente pension de demoiselles dirigée par les sœurs de Nevers, une salle d'asile et une école gratuite pour les jeunes filles, tenues par les mêmes religieuses, et une autre pension tenue par Mademoiselle Bougon.

Là partout la religion est en honneur et assure à ce pays une complète civilisation.

LE CALVAIRE.

Sur un petit monticule tout couvert de rochers s'élèvent dix chapelles, neuf petites et la grande, qui renferme le reste des stations.

De là, vous voyez la mer, Antibes, et, par un ciel serein, votre œil plonge jusque sur les cimes neigeuses de la Corse.

Le Calvaire est l'une des promenades les plus chères aux habitants de Vence.

Il est malheureux que les anciennes statues aient été remplacées par des figures plus horribles les unes que les autres.

93 l'a tout ruiné, et ce n'est qu'en 1833 qu'on l'a réparé.

On voit encore des anciennes sculptures la tête du Christ, qu'un amateur aurait achetée au poids de l'or.

Le Calvaire a de curieux son site, son originalité.

L'intention, qui en est toute religieuse, doit nous le faire respecter.

Combien la mère devrait inspirer à son enfant ce respect pour les choses saintes !

On ne trouverait plus les statues mutilées, les grilles brisées et les pierres ébréchant l'intérieur des chapelles.

Il est vrai que les enfants distinguent dans leurs attaques le Christ d'Hérode, de Pilate et les soldats juifs.

Chaque année il y a, le 4 mai, une fête au Calvaire.

Un ermite est préposé à la garde de ces sanctuaires, cultive son petit jardin, et habite une vieille ruine que l'on dit avoir appartenu autrefois à quelques religieux.

Il ne vit que des aumônes des visiteurs et des fidèles.

L'ERMITE DU CALVAIRE DE VENCE.

Suivez le sentier solitaire ;
Là, veille auprès du monument,
Le bon ermite du calvaire,
Sous la garde du Tout-Puissant.
A son côté pend le rosaire ;
Noble regard et grave aspect,
Barbe touffue et robe austère,
Tout inspire en lui le respect.

S'il tombe au temple quelques pierres,
Il les construit de ses deniers ;
Ses mains aux bénis sanctuaires,
Dans le roc creusent les sentiers,
Il prie, il travaille, il espère ;
Il repose au pied de l'autel ;
Loin du tumulte de la terre,
Il se trouve plus près du ciel.

Le bon ermite du calvaire
A sur son sein la croix de bois ;
Devant la marche funéraire,
Il a l'étendard de la croix.
L'enfant qui l'aime et le vénère
Court baiser la croix sur son cœur ;
La croix pour le bon solitaire
Est le seul bien, le seul honneur.

Quel est son nom, quel est son père ?
Il vit parmi nous inconnu.
On ne l'appelle que le frère
Depuis qu'à Vence il a paru ;
Lorsque l'ermite du calvaire
S'offrira sur votre chemin,
Ne demandez que sa prière,
Et s'il vous présente la main :
« Donnez à l'ermite de Vence,
Donnez, il priera Dieu pour vous ;
Si Dieu vous donna l'existence,
Donnez, il n'est rien de plus doux. »

LES TEMPLIERS.

La commanderie des Templiers de Vence n'est plus qu'une grande et majestueuse ruine sur le flanc de la montagne.

Tous les visiteurs y font une espèce de pèlerinage et ne peuvent s'empêcher d'admirer avec un vif intérêt les restes de la chapelle, les épaisses murailles, les anciennes caves et surtout la belle vue dont on jouit.

C'était en 1307.

Le vigan de Saint-Paul avait reçu l'ordre de faire main-basse sur les templiers.

Deux lettres lui étaient envoyées par le comte de Provence, Charles II.

Dans la première il lui était enjoint de n'ouvrir la seconde qu'au jour fixé.

Le 13 octobre Hugolin. commandeur de

Vence, fut arrêté, ainsi que les autres templiers, à cinq heures du matin et conduit avec ceux de Grasse et de Nice à la ville de Tarascon.

Tous leurs biens furent confisqués.

Le seigneur de Vence devint possesseur de la commanderie.

Depuis la révolution, divers particuliers de Vence ont acheté ces propriétés.

M. le Juge possède les ruines avec quelques terres, et M. Cayron en a une autre partie.

Cette dernière propriété connue sous le nom de Saint-Martin est une charmante résidence.

Ces allées plantées de buis et parfaitement dessinées, ces grottes, ce petit musée qui contient des curiosités en grand nombre, font la juste admiration de tous ceux qui les visitent, et le maître en fait les honneurs avec une bienveillance pleine d'aménité.

Bien qu'il demeure seul dans cette agréable retraite et qu'il se compare à Diogène, il n'en a ni la pauvreté, ni le cynisme, ni l'étroite habitation.

La grande mer, un rocher immense pour abri, un vaste horizon, à ses pieds Vence avec ses milliers d'oliviers descendant comme un tapis de verdure jusqu'aux flots, un soleil qu'un autre Alexandre ne vient pas lui cacher, voilà qui élève son âme vers Dieu et ne la trouve jamais seule.

Ce délicieux séjour de Saint-Martin a dû être occupé avant les templiers.

On y trouve de vieux tombeaux, et surtout, comme dans la vallée, des tombes en brique, où les Sarrasins couchaient leurs morts.

En gravissant par un sentier escarpé jusque sur le rocher qui domine les ruines des templiers, on trouve encore des ossements, un fort ruiné, des caves.

Une croix s'élève sur la pointe du rocher, elle intercède pour ceux qui ne sont plus et pour ceux qui vivent encore.

Chaque année les pénitents blancs y font une procession solennelle le matin de l'Ascension.

La légende du pays est qu'à la fête de l'Epiphanie, les rois mages passent à minuit très-précis sur cette montagne. Mais pour les voir, remarquez bien, il ne faut arriver ni trop tôt ni trop tard.

A miégeu nuetche lei faou veiré.

Il en est de cette histoire comme de la paume de Roland.

C'est une énorme pierre ronde détachée de la montagne des Salles : elle est posée sur le rocher de l'Aigle.

On assure que le célèbre neveu de Charlemagne, nouvel Encelade, jouait à la boule avec ce quartier de rocher qui n'a rien moins que vingt mètres de circonférence.

On nomme aussi cette roche la roche des Fées.

Au reste, le peuple est partout le même; mais à Vence plus qu'ailleurs on croit encore aux fées, aux *masques* ou sorciers et aux lutins.

Il y a deux ans encore, on prétendait que trois *masques* se promenaient, toutes les nuits, aux alentours du Calvaire.

De même à la Fontaine-Vieille, il y a de cela vingt ans, personne n'osait plus passer sous le portail.

On entendait des cris plaintifs des âmes en peine qui demandaient des prières.

C'était un nid de chats-huants.

Ce fait m'en rappelle un autre.

Un nommé B..... avait laissé en mourant une petite fortune.

Comme il savait son fils un peu dissipateur, la mère devait garder le coffre-fort.

La nuit, la bonne vieille entend un bruit étrange, des roulements, des chaînes, des soupirs.... Un fantôme blanc se présente à elle et d'une voix sépulcrale : « Si vous tenez votre coffre fermé, et si vous n'en donnez la clef à mon fils, je souffrirai toujours dans les flammes, et vous-même serez malheureuse. » Le lendemain, mêmes plaintes, même vacarme. Le peuple commençait à se rassembler autour de la maison du fantôme, quand un homme plus clairvoyant s'aperçut de la supercherie, et, prenant un fusil, effraya le revenant, qui n'était autre que le fils lui-même.

LE SOLITAIRE DE SAINT-MARTIN.

Sur la cime de Saint-Martin,
Voyez le riant ermitage,
Couronné de myrte et de thym,
Et ceint d'un éternel ombrage.
Il affronte les vents neigeux
Au pied du rocher qui l'abrite;
La douce brise d'Amphitrite
Vient en été calmer ses feux.

Là veille et prie,
Et jours et nuits,
Ce noble fils
De l'Ibérie.

La douleur et le noir chagrin
Ont emporté sur la montagne
Le solitaire de Saint-Martin.
Il aime encore sa douce Espagne,

Mais Vence garde ses amours,
Au sol attache la souffrance :
Sa petite cité de Vence
D'en haut il veut la voir toujours.

Là veille et prie.....

Rien ne vaut mieux que Saint-Martin
Pour son âme désolée ;
Il a suspendu son jardin
Sur les roches de la vallée ;
Sa douleur ne veut pour témoin
Que la fleur, le fruit, la verdure,
Le vent qui doucement murmure ;
Il n'aime le bruit que de loin.

Là veille et prie.....

Il admire de Saint-Martin
Le soleil qui des flots se lève,
L'admire encore à son déclin ;
Il contemple à ses pieds la grève,

La nef qui glisse sur les mers ;
La lame qui saute au rivage ;
Il jouit de l'immense plage
Et du libre espace des airs.

Là veille et prie.....

Le solitaire de Saint-Martin,
Des vieux siècles fait son étude ;
Tout ce qu'il trouve en son chemin,
Il en pare sa solitude.
Assis sur les remparts croulants
De nos preux chevaliers du Temple,
Il cherche, il classe, il contemple
Les débris des anciens temps.

Là veille et prie.....

Le dimanche de grand matin,
Quand la cloche se balance,
Le solitaire de Saint-Martin,
Pour prier descend à Vence.

Le mal se tait aux doux accords
De l'orgue qui chante et soupire ;
Et du vif amour qui l'inspire,
Il traduit les divins transports.

> Là chante et prie,
> Aux saints parvis,
> Le noble fils
> De l'Ibérie.

Chargé du céleste butin,
Quand il a fini sa prière,
Le solitaire de Saint-Martin
Emporte son bien dans son aire.
Il n'est, pour les maux des mortels,
Pour qui souffre sur la terre,
Qu'un double abri tutélaire :
La solitude et les autels.

> Là veille et prie.....

Si quelquefois le pèlerin
Cherche, au midi, quelque beau site,

Sur les sommets du Saint-Martin,
Il va visiter notre ermite ;
Il trouve un ami plein de cœur,
Un hôte chéri qui le fête ;
Qui, dans sa douce retraite,
Vous rend heureux de son bonheur.

Là veille et prie.....

UN CONVOI A VENCE.

C'était à cinq heures et demie du soir, en janvier.

On choisit ordinairement le commencement ou la fin du jour pour les inhumations, afin que les pénitents puissent s'y trouver sans manquer à leurs travaux.

Les cloches tintent leur glas funèbre et semblent, par leurs sons altérés, espacés et différents, qui vont de la plus petite cloche à la plus grosse, pleurer et soupirer avec les vivants.

Cependant des enfants sonnent des clochettes dans le pays pour rassembler les différents confrères.

Les cloches des chapelles des pénitents appellent aussi.

Ce n'est que sonnerie dans tout le pays.

Les pénitents blancs et les pénitents noirs se dirigent en procession, de leur chapelle vers l'église, où déjà les attendent les confréries de femmes et de filles.

Tous chantent le Miserere.

Bientôt on sort du temple pour aller chercher le défunt.

En tête marche la confrérie des filles, puis la confrérie des femmes ; chacune a sa croix et ses deux acolytes.

Suit la confrérie des pénitents noirs ; le maître des cérémonies précède avec son bâton argenté qu'il traîne à la manière des évêques.

La grande croix d'argent, ayant à ses côtés deux jeunes gens qui portent des falots allumés et l'étendard de la compagnie.

Les pénitents en robes noires suivent deux à deux, les chantres portant le bâton cantoral ; le prieur avec ses deux assistants ayant aussi le bâton ferment la marche.

Il en est de même des pénitents blancs qui viennent ensuite, excepté qu'ils ont l'aube blanche et le voile blanc sur la tête, et que les bâtons sont dorés.

Le clergé termine la procession.

Au milieu des chants lugubres, on enlève le corps, qui est porté à bras dans le cercueil découvert.

Les pénitents blancs et les pénitents noirs portent le défunt, d'autres entourent le cercueil avec des cierges allumés : car ces deux compagnies se sont chargées de toutes les cérémonies funèbres du pays, depuis le dernier soupir du mort jusqu'à son inhumation.

Bel exemple de fraternité !

Il semble être d'une autre époque dans notre France, où presque partout, aujourd'hui, tout semble gagé et intéressé.

La foule des parents et des amis en long ordre ferme la marche du convoi.

Le cortége est arrivé dans l'église : on y chante les vêpres en chœur.

J'étais singulièrement ému de voir ces vénérables pénitents entourant le cercueil, tous chantant et priant pour leur frère défunt.

Je ne pouvais, sans un vif saisissement, considérer le mort lui-même dans sa bière les mains jointes, le visage découvert, revêtu de ses habits et placé vis-à-vis de l'autel où il venait encore implorer la miséricorde de Dieu.

C'est dans ce même temple qu'il avait été baptisé, qu'il avait, pour la première fois, reçu son Dieu.

C'est là qu'il vient aujourd'hui pour la dernière fois dans sa chair mortelle témoigner en faveur de ce dogme catholique :

Scio quod Redemptor meus vivit et in carne meâ videbo Deum meum.

Les vêpres et l'absoute terminées, ou part dans le même ordre pour le champ funéraire.

Cette marche aux flambeaux, dans les rues étroites de Vence, ces robes noires et blanches, ces différents costumes de femmes, de filles, toutes ces voix psalmodiant le Miserere alternativement chacune pour leur confrérie ; puis, au cimetière, le chant du *De profundis* par tous ces pénitents que je voyais, au milieu de cette demi-clarté, échelonnés sur toutes les tombes ; cette bière que l'on cloue sous vos yeux ; tout portait à l'âme et rappelait nos vieux siècles qui tenaient à leur foi comme à leur vie.

Le convoi fini, chaque confrérie revient à sa chapelle en récitant encore le psaume Miserere.

Il y a dans une inhumation à Vence toute une élégie des plus touchantes.

Il y a là, pour qui veut bien vivre, un éloquent discours sur la vanité du monde et sur la grandeur de notre sainte religion.

Ah! dans notre Nord, tout s'en est allé!... Les vieilles confréries, les antiques usages, la foi!..... et la famille aussi!.....

UN OFFICE DE L'ÉGLISE A VENCE.

Vous croiriez vivre en plein moyen âge.
Tout, dans un office, à Vence, respire la
foi la plus naïve et la plus touchante.

Les galeries sont remplies d'hommes ;
les trois nefs et toutes les chapelles, d'une
multitude de femmes assises ou agenouil-
lées , selon les diverses cérémonies du
culte.

Le sanctuaire, où le plein-cintre toscan
rappelle le vieux temple païen, est entouré
de draperies rouges.

Douze chandeliers dorés ornent le maître-
autel ; au milieu s'élève le tabernacle de
marbre surmonté d'un enfant Jésus égale-
ment en marbre.

Un tapis couvre les marches.

Les cloches ont carillonné la messe de minuit.

Vous entendez les derniers chants de matines ; l'Introït commence ; l'orgue retentit ; le célébrant, avec le diacre et le sous-diacre, s'avance au milieu des enfants en aube blanche qui portent la croix, les chandeliers et les encensoirs, et vient faire descendre du ciel sur l'autel du sacrifice, le Dieu qui se fit homme, il y a plus de 18 siècles, dans l'étable de Bethléem.

Rien ne parle plus à l'âme que cette messe aux flambeaux, que ces hymmes solennels dans le silence de la nuit.

Du chœur placé dans une tribune haute comme les orgues de nos églises, les saints cantiques sont alternés par vingt chantres et se répandent dans la vieille cathédrale.

C'est le Gloria que les bergers entendirent dans la plaine ; c'est l'Adeste fideles, le plus antique et le plus beau de nos Noëls latins... Comme toutes ces voix le disent avec enthousiasme !

J'ai vu les magnificences de Saint-Roch, de Saint-Etienne-du-Mont, de Saint-Eustache, la majesté de Notre-Dame.

La messe de minuit à Vence m'a plus vivement touché.

Il n'y avait, il est vrai, ni l'harmonie, ni la richesse, ni l'ordre de nos solennités parisiennes : la foi naïve parlait seule ici.

Je me représentais ce bon peuple fidèle aux usages traditionnels, officiant encore comme avec ses saints évêques, ses chanoines, quoique, hélas ! il n'y ait plus ni évêque, ni chanoines.

Les images vénérées de saint Véran et de saint Lambert à chaque côté de l'autel rappelaient les saints pontifes de Vence, qui sans doute étaient là en esprit, s'associant à nos vœux.

Ces stalles, où nous priions, nous faisaient ressouvenir de ces vénérables prêtres qui les occupaient avant 93; si nous ne les avions plus auprès de nous, nous vivions avec eux dans la même foi et dans la même espérance, et nous venions ici à notre tour, sinon avec les mêmes titres, du moins avec la même religion, adorer celui qui s'est fait chair pour toutes les générations.

L'office se continue. L'encens fume et embaume le temple saint; la clochette s'agite; Jésus-Christ s'abaisse et s'immole sur la pierre du sacrifice; au milieu du silence de tout ce peuple incliné, le prêtre l'élève à l'adoration des fidèles.

Un chœur de jeunes filles fait entendre des Noëls qui se continuent, s'arrêtent, puis recommencent de nouveau entre les soupirs des orgues.

Qu'il y a encore de foi à Vence!.....

J'étais ému quand nos enfants entourèrent la table sainte pour recevoir leur Dieu : quand la foule des communiants se pressant au banquet sacré fut près d'une demi-heure à s'écouler; quand le Noël :

Entendez-vous dans les campagnes, etc. s'exhalait dans l'église comme un doux parfum et montait vers le trône de Dieu.

Oh! me disais-je, qu'elle est belle notre sainte religion !

Moi, enfant du Nord, dans ces montagnes du Midi je retrouve, à deux cents lieues de mon pays, le même Dieu que ma mère m'a enseigné à adorer, qui a fait mon bonheur toute ma vie, et qui seul console, sauve et vivifie.

O Midi! garde ta foi sur nos frontières;

sois comme une sentinelle avancée aux limites de notre chère patrie ; conserve-nous près de l'Océan ce phare lumineux qui nous guide et nous éclaire.

Empêche que quelque main étrangère, venant à nous ravir ce divin flambeau, ne nous plonge dans les ténèbres, et prie du haut de tes collines pour ceux qui combattent dans la plaine.

Vence ! garde ta foi, tes vieilles coutumes, ta belle et naïve simplicité.

Que les Français désabusés bientôt du luxe et des fausses maximes retrouvent un jour chez toi les antiques traditions qui nous rendaient si heureux.

LE CHIEN DE COURMETTES.

Courmettes, ancienne maison de campagne des seigneurs de Tourettes, aux environs de Courmes, appartint quelque temps au célèbre Masséna, et aujourd'hui c'est une gracieuse résidence d'été de M. Maurel.

Près de la petite maison bourgeoise est la ferme.

Un vieux chien tout pelé était le fidèle gardien des troupeaux de la métairie. Il avait nom Dragon.

On lui avait donné pour l'aider un jeune compagnon, vif, alerte, qu'il voyait sans jalousie l'objet des prédilections du berger.

Pour plaire à son maître, il semblait même redoubler ses caresses envers le jeune chien.

Tout était en commun, fatigues, voyages,

jeux, nourriture, lieu de repos pour la nuit. Ils ne se quittaient plus !...

Un soir d'hiver, que couchées à la belle étoile, les brebis reposaient, le chien vigilant a senti le loup qui rôde autour du troupeau.

Il s'élance avec son compagnon et lutte de vitesse.

Bientôt, dans l'ardeur de sa chasse, il a perdu son jeune élève.

Alors, d'aboyer, de crier, de courir, de flairer la trace au milieu des rochers, et de trouver enfin les restes mutilés du jeune chien.

O douleur ! ô cris plaintifs !

Il se pose là, et hurle tristement.

Le berger, étonné de ne plus revoir son vieux serviteur, se met à sa recherche, et après quelques centaines de pas, il le trouve couché sur le corps de son compagnon.

Dragon agite tristement sa queue et se traîne vers le berger en poussant toujours des cris douloureux.

A partir de cette époque, le vieux chien, fidèle à son devoir, ne manquait pas de faire sa garde accoutumée, mais il était triste et resta même longtemps sans prendre de nourriture.

Toute la saison, après le travail de la journée, on le voyait aller se reposer à l'endroit où était tombé son compagnon chéri.

Là il recommençait ses hurlements douloureux jusqu'à ce qu'il s'endormît de lassitude.

Belle et rare affection qui peut servir d'exemple à l'humanité elle-même.

EPILOGUE.

Si vous voulez étendre vos excursions aux environs, vous verrez Tourettes, posé sur un rocher, comme un fort.

Sa belle place et son bon vin de Valette si justement renommé ; son vieux château des seigneurs, et sur ses montagnes la jolie propriété du Caire, qui a été pendant un temps au célèbre Masséna ; et Courmettes, véritable Eden que les Grâces semblent avoir suspendu dans les airs, vous donneront le désir de venir plus d'une fois vous inspirer à Tourettes.

Si jamais vous montiez à Courmettes, n'oubliez pas d'aller visiter les barres de Saint-Arnoux, au fond desquelles coule en torrent le Loup.

C'est un spectacle émouvant et grandiose.

Vous aimez les bois ?

En face de la parfumerie de M. Court, vous verrez de hautes futaies qui vous offriront les plus beaux ombrages.

Quand j'erre dans les bois de la Sine, je me rappelle la forêt si pittoresque de Fontainebleau.

Vous y rencontrerez peut-être une espèce de sauvage qui vit là depuis quarante ans.

Ce n'est pas un ermite, mais un monomane. Des haillons, une misérable hutte, quelques herbages qu'il cultive, son blé qu'il broie lui-même sous la pierre, en voilà assez pour vous donner une idée de son existence.

Il laisse croître sa barbe et ses cheveux, et son œil est toujours morne et abaissé.

Sur un autre point vous verrez maître Pascal qui porte une cocarde à son chapeau, et qui tire des coups de fusil à la lune, parce qu'elle lui a enlevé sa femme.

Triste humanité ! Combien de ces pauvres mortels qui ont perdu le sens !

Il en est trop partout.

La Sine vous a plu ; voyez maintenant dans une autre direction, Saint-Jeannet, sa cascade du Riou et gravissez sur la pointe de son rocher.

Un jeune époux, le jour même de son mariage, pour se rendre immortel, se précipite, dit-on, de cette hauteur, la tête la première.

Acte d'un fou ou d'un désespéré !

Poursuivez la route de Saint-Jeannet, vous visiterez Gastières, Carros et le Broc, jeté à l'extrémité du Var dans une position des plus ravissantes.

Que vous dirai-je encore de nos contrées ?

Elles ne sont pas assez explorées.

L'artiste, le paysagiste surtout y trouveraient de nombreux et splendides sujets, le littérateur de belles inspirations, la science mille curiosités, et chacun de véritables jouissances.

Mais ma féconde course a duré trop longtemps,
Et je dételle enfin mes coursiers haletants.

Terminons par une prophétie de Nostradamus, de si bon augure pour notre petite cité.

Grasse profondera,
Nice jonchères sera,
Antibes bombardera,
Vence, Vence sera
Et donnera du vin à qui n'en aura pas.

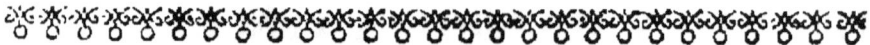

TABLE DES MATIÈRES.

—

FIN.

www.ingramcontent.com/pod-product-compliance
Lightning Source LLC
Chambersburg PA
CBHW072015080426
42733CB00010B/1721